Henri Wallon

Dados Internacionais de Catalogação na Publicação (CIP)
(Câmara Brasileira do Livro, SP, Brasil)

Galvão, Izabel
  Henri Wallon : uma concepção dialética do desenvolvimento infantil / Izabel Galvão. 24. ed. – Petrópolis, RJ : Vozes, 2023. Edição revista e ampliada
  Bibliografia
  ISBN 978-65-5713-945-5

  1. Crianças – Desenvolvimento 2. Genética do comportamento 3. Psicologia genética 4. Psicologia infantil 5. Wallon, Henri, 1879-1962. I. Título. II. Série.

95-1144   CDD-155.7

Índices para catálogo sistemático:

1. Genética do comportamento : Psicologia evolutiva 155.7
2. Psicogenética : Psicologia evolutiva 155.7

IZABEL GALVÃO

Henri Wallon

uma concepção dialética
do desenvolvimento
infantil

EDITORA
VOZES

Petrópolis

© 2023, Editora Vozes Ltda.
Rua Frei Luís, 100
25689-900 – Petrópolis, RJ
www.vozes.com.br
Brasil

Todos os direitos reservados. Nenhuma parte desta obra poderá ser reproduzida ou transmitida por qualquer forma e/ou quaisquer meios (eletrônico ou mecânico, incluindo fotocópia e gravação) ou arquivada em qualquer sistema ou banco de dados sem permissão escrita da Editora.

CONSELHO EDITORIAL

Diretor
Volney J. Berkenbrock

Editores
Aline dos Santos Carneiro
Edrian Josué Pasini
Marilac Loraine Oleniki
Welder Lancieri Marchini

Conselheiros
Eloí Dionísio Piva
Francisco Morás
Gilberto Gonçalves Garcia
Ludovico Garmus
Teobaldo Heidemann

Secretário executivo
Leonardo A.R.T. dos Santos

Diagramação: Sheilandre Desenv. Gráfico
Revisão gráfica: Michele Guedes Schmid
Capa: Monique Rodrigues

ISBN 978-65-5713-945-5

Este livro foi composto e impresso pela Editora Vozes Ltda.

Sumário

Prefácio, 7

Introdução, 11

CAPÍTULO I
Perfil de um humanista, 15

CAPÍTULO II
Uma psicogênese da pessoa completa, 25

CAPÍTULO III
A complexa dinâmica do desenvolvimento infantil, 35

CAPÍTULO IV
Conflitos eu-outro e a construção da pessoa, 44

CAPÍTULO V
As emoções: entre o orgânico e o psíquico, 51

CAPÍTULO VI
Dimensões do movimento, 61

CAPÍTULO VII
Pensamento, linguagem e conhecimento, 69

CAPÍTULO VIII
Educação: entre o indivíduo e a sociedade, 79

CAPÍTULO IX
Uma educação da pessoa completa, 85

CAPÍTULO X
Reflexão sobre a prática pedagógica: enfocando situações de conflito, 90

CAPÍTULO XI
Atitude diante da teoria, 99

Texto selecionado, 101

Bibliografia do autor, 109

Bibliografia consultada, 118

Prefácio

Meu primeiro contato com a teoria de H. Wallon foi durante minha graduação em pedagogia na Faculdade de Educação da Universidade de São Paulo, no final dos anos 1980. Fui apresentada às ideias deste autor por Heloysa Dantas, numa de suas disciplinas em psicologia da educação. Meu interesse pela teoria de Wallon foi imediato, pois encontrei nela elementos que me ajudavam a dar sentido às reflexões que emanavam de minha prática pedagógica.

Paralelamente ao curso, eu trabalhava como professora numa pré-escola de São Paulo, integrante do movimento de escolas alternativas que florescia na capital paulista desde o início da década. Essa concomitância entre prática e formação me fazia buscar incessantemente relações entre o que eu vivia na escola – junto às crianças, e durante as fecundas reuniões de equipe – e o que eu aprendia na faculdade.

Minhas primeiras leituras dos textos de Wallon e as discussões que tínhamos em aula me colocaram frente a uma visão na qual inteligência, afetividade e movimento eram tratados com igual importância, confortando minha percepção de professora preocupada com o desenvolvimento global da criança. Este interesse veio prolongar o que eu já manifestava pela epistemologia genética de Jean Piaget cuja concepção sobre o desenvolvimento de inteligência me permitia melhor interpretar o que faziam e diziam as crianças e refletir sobre as atividades a lhes oferecer. O desejo em me aprofundar na obra de Wallon deu origem ao meu engajamento como pesquisadora em educação, meu mestrado e doutorado tendo se apoiado principalmente nas contribuições deste autor para analisar o lugar do movimento e das emoções nas interações em sala de aula.

A narrativa desses fatos nos remete a quase trinta anos atrás e visa a delinear o contexto em que foi redigido o livro que agora ganha nova edição. A oportunidade para escrevê-lo me foi dada pelo professor Antônio Joaquim Severino, que na época lançava a coleção "educação e conhecimento", pela editora Vozes. Esta coleção visava a ser "uma mediação, ágil e eficaz para colocar ao alcance dos professores, dos estudantes bem como dos demais profissionais da educação (...) as linhas básicas do pensamento dos grandes teóricos, destacando sua contribuição para a melhor compreensão do sentido da educação". Compartilhando os objetivos de mediação fixados pela coleção, o livro, lançado em 1995, representa o resultado dos esforços para a compreensão desta teoria desenvolvidos durante meu mestrado.

Recebi com muita alegria a proposta da editora Vozes de reeditá-lo. O livro que chega às mãos dos leitores é o mesmo, contando com mínimos ajustes e atualizações. Frente a este novo lançamento, trata-se de reafirmar a pertinência desta concepção do desenvolvimento infantil para pensar a educação e o ser humano de um modo geral.

Nestes tempos em que a educação é tratada como mercadoria e as políticas educacionais pautadas em resultados obtidos em duvidosas avaliações estandardizadas, é urgente se conectar com uma concepção que destaca o vínculo indissociável entre educação e sociedade, e coloca a promoção da justiça social como um horizonte para se pensar o sistema de ensino e as práticas escolares.

Nestes tempos em que a apreensão da singularidade infantil parece depender de diagnósticos que categorizam a criança numa lista de distúrbios previamente descritos em manuais de psiquiatria, é mais do que necessário alimentar nosso olhar com uma visão holística da criança, cujos elementos nos permitam compreender as complexas relações entre a criança e os diferentes meios em que ela se insere, ajudando-nos a compreender os sentidos de suas condutas e a pensar situações capazes de impulsionar-lhe o desenvolvimento.

O interesse que este livro continua despertando junto a professores, estudantes e pesquisadores é sinal de que estas tendências que colocam em risco a dimensão emancipatória da educação encontram forte resistência. Espero que sua leitura continue alimentando uma visão humanista e engajada da educação, compromissada ao mesmo tempo com o desenvolvimento da singularidade de cada indivíduo e com a construção de uma sociedade mais justa e democrática.

Paris, 4 maio de 2023

Izabel Galvão

Introdução

Decorridos mais de cinquenta anos da morte de Henri Wallon, vemos surgir, no cenário da educação, um grande interesse por sua psicologia. Trata-se de um "resgate teórico" muito importante, com potencial de trazer significativas contribuições para a reflexão pedagógica.

Buscando compreender o psiquismo humano, Wallon volta sua atenção para a criança, pois através dela é possível ter acesso à gênese dos processos psíquicos. De uma perspectiva abrangente e global, investiga a criança nos vários campos de sua atividade e nos vários momentos de sua evolução psíquica. Enfoca o desenvolvimento em seus domínios afetivo, cognitivo e motor, procurando mostrar quais são, nas diferentes etapas, os vínculos entre cada campo e suas implicações com o todo representado pela personalidade.

Considerando que o sujeito constrói-se nas suas interações com o meio, Wallon propõe o estudo contextualizado das condutas infantis, buscando compreender, em cada fase do desenvolvimento, o sistema de relações estabelecidas entre a criança e seu ambiente.

Para Wallon, o estudo da criança não é um mero instrumento para a compreensão do psiquismo humano, mas também uma maneira de contribuir para a educação. Mais do que um estado provisório, considerava a infância como uma idade única e fecunda, cujo atendimento é tarefa da educação. A preocupação pedagógica é presença forte na psicologia de Wallon, tanto nos escritos em que trata de questões mais propriamente psicológicas – que constituem a maioria – como naqueles em que discute assuntos específicos da pedagogia.

A fecundidade das contribuições da psicologia genética de Wallon para a educação deve-se à perspectiva global pela qual enfoca o desenvolvimento infantil, mas também à atitude teórica que adota. Utilizando o materialismo dialético como fundamento filosófico e como método de análise, as ideias de Wallon refletem uma incrível mobilidade de pensamento, capaz de resolver muitos impasses e contradições a que levam teorias baseadas numa lógica rígida e mecânica. Contrário a qualquer simplificação, enfrenta a complexidade do real, procurando compreendê-la e explicá-la por uma perspectiva dinâmica, multifacetada e extremamente original.

É um projeto ambicioso, que resulta numa teoria complexa e difícil, pouco sedutora para o leitor apressado. Para desconforto deste, Wallon não propõe um sistema no qual se dispõem, de forma bem arrumada, etapas e processos da evolução psíquica. Ao contrário, para tratar do processo de desenvolvimento de uma perspectiva abrangente, realiza um verdadeiro vaivém de um campo a outro da atividade infantil e entre as várias etapas que compõem o desenvolvimento.

À complexidade da teoria soma-se a aridez dos seus textos, repletos de termos médicos e neurológicos. Em seus escritos não se percebe nenhuma preocupação com a clareza de exposição, o que, em alguns casos, chega a ser desestimulante. No entanto, a leitura torna-se mais fluente a partir do momento em que o leitor consegue captar a dinâmica do raciocínio walloniano, podendo então acompanhar os meandros de suas exposições.

Uma visão de conjunto da teoria e noções preliminares de seus principais temas são fatores que podem facilitar, em muito, a leitura direta dos textos de Wallon. Com o objetivo de propiciar a aquisição desses recursos selecionamos os temas que compõem este livro. Para tornar a teoria mais acessível, procuramos dar uma certa ordem às ideias sem descaracterizar o raciocínio peculiar ao autor.

Os capítulos são divididos por temas e estão organizados de forma encadeada, isto é, os temas tratados num capítulo tomam por ponto de partida os temas abordados nos anteriores, assim, é recomendável lê-los em sequência.

No primeiro capítulo, apresentamos traços biográficos de Wallon, mostrando episódios de sua vida como intelectual e homem engajado nos problemas de sua época.

No segundo, traçamos os alicerces sobre os quais sustenta-se a psicologia walloniana: seus fundamentos filosóficos e sua concepção metodológica.

O terceiro capítulo propõe-se a dar elementos para a compreensão da complexa dinâmica que a teoria assinala ao desenvolvimento infantil, apresentando os princípios que lhe imprimem o ritmo.

Do quarto ao sétimo capítulo, propomo-nos a tratar do que Wallon chama de campos funcionais, isto é, os domínios entre os quais se distribui a atividade da criança. Cada capítulo é dedicado a um campo: a pessoa, as emoções, o movimento e a inteligência, respectivamente.

O oitavo capítulo dá início à discussão acerca das implicações educacionais da teoria, sintetizando algumas ideias de Wallon sobre as dimensões sociopolíticas da educação.

O nono capítulo aponta uma das consequências de utilização da psicogenética walloniana como instrumento para a reflexão pedagógica, a saber, a necessidade de uma educação da pessoa completa.

No décimo, realizamos uma leitura mais livre das implicações educacionais da psicogenética walloniana, utilizando alguns de seus conceitos para refletir acerca de situações de conflito vividas no cotidiano escolar.

Capítulo I
Perfil de um humanista

Henri Wallon nasceu na França, em 1879. Viveu toda sua vida em Paris, onde morreu em 1962. Foi uma vida marcada por intensa produção intelectual e ativa participação nos acontecimentos que marcaram sua época. Sua biografia nos apresenta o perfil de um homem que buscou integrar a atividade científica à atuação na sociedade, numa atitude de coerência e engajamento.

Antes de chegar à psicologia passou pela filosofia e medicina, numa trajetória que trouxe marcas para a formulação de sua teoria. Ao longo de sua carreira foi cada vez mais explícita a aproximação com a educação.

Numa entrevista concedida já no fim da vida, Wallon conta que seu interesse pela psicologia manifestou-se cedo, já na época em que terminava os estudos secundários. "Minha inclinação para a psicologia fez-se independentemente de qualquer influência exterior [...]. Foi antes de mais nada uma disposição geral, uma questão de gosto, de curiosidade pessoal pelos motivos e razões que levam as pessoas a agir. Ainda hoje ocorre com frequência de eu extrair uma palavra de uma conversa e registrá-la sem bem saber o porquê"[1].

Em 1902, aos vinte e três anos, formou-se em filosofia pela Escola Normal Superior. Durante o ano seguinte, deu aulas da matéria no ensino secundário. Como professor, discordava dos

---
1. Entretien avec Henri Wallon. In: ZAZZO, R. (dir.). *Enfance*, 1968, 1-2.

autoritários métodos empregados para controle disciplinar, bem como do patrulhamento clerical exercido sobre o ensino, o qual levava, segundo suas palavras, ao obscurantismo e à desconfiança.

Por ocasião da formatura dos alunos, quando era feita distribuição de prêmios, deixou evidentes suas preocupações com as causas sociais. No discurso que proferiu, ao invés de simplesmente exaltar os méritos dos premiados, advertiu-lhes sobre a dívida social que tinham para com a sociedade que, trabalhando, dava-lhes o privilégio de frequentar o ensino secundário.

Esta inclinação para o social, traduzida numa trajetória de compromisso ético e engajamento político, teve origem ainda na infância. Membro de uma família de tradição universitária e republicana, Wallon foi criado numa atmosfera humanista. Seu avô, figura pela qual nutria grande admiração, foi historiador, discípulo de Michelet e político de oposição ao Segundo Império. Deputado na Assembleia Constituinte, foi o autor da emenda conhecida como "emenda Wallon" que introduziu a palavra "república" na Constituição de 1875.

"Devo à minha família o fato de ter sido criado numa atmosfera republicana e democrática. Uma de minhas primeiras lembranças é a morte de Victor Hugo. Eu tinha seis anos. Após o jantar, meu pai nos leu fragmentos de *Châtiments*. Isso me tocou muito. Na manhã do dia seguinte, meu pai nos levou, meu irmão e eu, à casa mortuária. Victor Hugo era contra os tiranos, explicou meu pai. Isso me tocou ainda mais"[2].

Henri Wallon viveu num período marcado por muita instabilidade social e turbulência política. Acontecimentos como as duas guerras mundiais (1914-1918 e 1939-1945), o avanço

---

2. Entretien avec Henri Wallon. In: ZAZZO, R. (dir.). *Enfance*, 1968, 1-2.

do fascismo no período entreguerras, as revoluções socialistas e as guerras para libertação das colônias na África atingiram boa parte da Europa e, em especial, a França.

É provável que, caso tivesse vivido numa época de menor instabilidade social, não tivesse tido a necessidade de ser tão claro nas suas posições, nem tampouco lhe tivesse ficado tão evidente a influência fundamental que o meio social exerce sobre o desenvolvimento da pessoa humana, influência que, como veremos mais adiante, recebe lugar de destaque em sua teoria. E ainda que a noção de conflito não fosse tão presente em sua obra. Nas palavras de Zazzo, "Wallon é um homem da contradição num mundo de contradições, numa sociedade, num universo com conflitos cada vez mais agudos, cada vez mais explosivos".[3]

Alinhava-se aos intelectuais e políticos de esquerda, manifestando simpatia pelos regimes socialistas. "Era com simpatia que víamos a Revolução Soviética. Em 1931, tive a oportunidade de ir a Moscou para um congresso de psicotécnicos. Ficamos muito bem impressionados, minha mulher e eu, com as cenas da rua, com o aspecto de confiança que havia na população"[4].

Já antes da primeira guerra, vendo nos partidos de esquerda uma alternativa para o fascismo que avançava, aderiu ao Partido Socialista. Desligou-se logo em seguida, dizendo-se insatisfeito com a preocupação "eleitoreira" do partido, com o que chamou de "eleitoralismo triunfante".

No final dos anos 30, Wallon envolveu-se em movimentos contra o fascismo, tendo participado das manifestações de protesto contra a ditadura de Franco, na Espanha. Pouco antes

---

3. ZAZZO, René. Allocution d'ouverture. In: ZAZZO, R. (dir.). *Enfance*, 1959, 3-4.
4. Entretien avec Henri Wallon. In: ZAZZO, R. (dir.). *Enfance*, 1968, 1-2.

da ascensão do ditador, integrou a delegação que foi a Madri levar, ao povo espanhol, a solidariedade dos franceses contra a deposição da República.

Durante a segunda guerra, no período em que a França encontrou-se ocupada pelos alemães (1941 a 1944), Wallon atuou intensamente na Resistência Francesa, movimento que mobilizava os opositores ao fascismo invasor. Perseguido pela Gestapo, a polícia política dos nazistas, teve que viver na clandestinidade. Foi forçado, pelo governo de Vichy, a interromper suas atividades acadêmicas. Contudo, não interrompeu sua atividade científica, prosseguindo clandestinamente com as pesquisas em seu laboratório e chegando mesmo a publicar, durante este período, o livro *Do ato ao pensamento*.

No ano de 1942, em plena Resistência, filiou-se ao Partido Comunista, do qual já era simpatizante. Manteve a ligação com o partido até o fim da vida. Um episódio narrado por Zazzo[5], colaborador e companheiro de lutas políticas, revela, entretanto, que sua adesão não era incondicional. Trata-se da posição assumida diante da invasão da Hungria pelo Exército Vermelho. Contrário à sangrenta invasão de Budapeste, Wallon assinou com Pignon, Picasso e alguns outros, "a carta dos dez" que repudiava o ocorrido e cobrava a convocação de um congresso extraordinário para que o partido revisse a posição de apoio então manifestada.

Mesmo assim, é preciso admitir que Wallon não foi muito enfático em se declarar contra as atrocidades cometidas por Stalin. Quem sabe por ingenuidade, ou por necessidade de manter acesa a esperança. Ou ainda devido a contingências da época em que viveu, quando os regimes comunistas

---

5. ZAZZO, René. Henri Wallon: souveniers. In: ZAZZO, R. *Enfance*, 1993, 1.

representavam, de fato, a alternativa mais capaz de superar as injustiças sociais.

De volta de sua viagem a Moscou, em 1931, Wallon foi convidado a integrar o Círculo da Rússia Nova, grupo formado por intelectuais que se reuniam com o objetivo de aprofundar o estudo do materialismo dialético e de examinar as possibilidades oferecidas por este referencial aos vários campos da ciência. Essas discussões tornaram-se públicas nos dois volumes do livro *À luz do marxismo*, ambos prefaciados por Wallon.

No âmbito deste grupo, o marxismo que se discutia não era o sistema de governo, mas a corrente filosófica. A Wallon interessava discutir as possibilidades do materialismo dialético como método de análise e referencial epistemológico para sua psicologia. Devemos, pois, separar o plano político do científico. "O termo marxismo faz hoje pensar num sistema de governo, numa interpretação da História, num dogma. Isto tudo está inteiramente fora do pensamento de Wallon. De Marx, ele ficou com o ideal de libertação e, no plano científico, conservou do marxismo não o ensino de um dogma, e sim um método de análise"[6].

Para um perfil mais completo do nosso biografado, é preciso ainda fazer referência à sensibilidade que tinha para o mundo das artes. Amigo de vários pintores, Wallon possuía, em sua casa, uma respeitável coleção, com obras de artistas como Renoir, Matisse e Signac. Esta sensibilidade faz-se presente em sua teoria, que abre grande espaço para o campo estético, o da pura expressividade. Vejamos o paralelo que faz entre a atividade do cientista e a do artista. "Há um grande parentesco entre o artista e o cientista. O cientista tem necessidade de mais

---

6. ZAZZO, René. In: Dantas, Pedro da Silva. *Para conhecer Wallon*: uma psicologia dialética. São Paulo: Brasiliense, 1983.

imaginação do que costuma-se supor. Ele precisa remanejar a realidade para compreendê-la. O artista precisa desarticulá-la para reafirmá-la à sua maneira"[7].

Da medicina à psicologia da criança

Na época em que Wallon fez seus estudos não existia, na estrutura da universidade, um curso específico de psicologia. Levado pela limitação das circunstâncias, impulsionado pela tradição médico-filosófica da psicologia francesa, mas também pelo interesse em conhecer a organização biológica do homem, cursou medicina. Formou-se em 1908.

Até 1931 atuou como médico em instituições psiquiátricas (Hospital de Bicêtre e depois no Hospital da Salpetrière), onde dedicou-se ao atendimento de crianças com deficiências neurológicas e distúrbios de comportamento. Em 1914, mobilizado como médico do exército francês, permaneceu por vários meses no front de combate. De volta a Paris, dedica-se ao atendimento de feridos de guerra e retoma suas atividades na Salpetrière. O contato com lesões cerebrais de ex-combatentes o fez rever algumas concepções neurológicas que havia desenvolvido no atendimento de crianças portadoras de deficiências.

Paralelamente à atuação como médico e psiquiatra, consolida-se seu interesse pela psicologia da criança. Os conhecimentos no campo da neurologia e da psicopatologia, adquiridos durante a experiência clínica, terão importante papel na constituição de sua teoria psicológica. De 1920 a 1937, é o encarregado de conferências sobre psicologia da criança na Sorbonne e em outras instituições de ensino superior.

---

7. Entretien avec Henri Wallon. In: ZAZZO, R. (dir.). *Enfance*, 1968, 1-2.

Em 1925, funda um laboratório destinado à pesquisa e ao atendimento clínico de crianças ditas "anormais". Por 14 anos, o Laboratório de Psicobiologia da Criança funcionou junto a uma escola na periferia de Paris e só em 1939 mudou-se para sua sede definitiva, onde funciona até hoje. A proximidade da escola não foi somente uma adaptação a limitações circunstanciais, mas um recurso para ter acesso à criança contextualizada, isto é, inserida no seu meio. Esta proximidade possibilitou ainda, ao psicólogo, contato com as questões da educação.

Ainda em 1925, Wallon publica sua tese de doutorado intitulada *A criança turbulenta*. Este trabalho inicia um período de muita produtividade, durante o qual serão publicados seus livros mais importantes, todos voltados para o domínio da psicologia da criança. O último deles, *Origens do pensamento na criança*, é de 1945.

De 1937 a 1949, lecionou no Colégio de França, com interrupção no período de 1941-1944, durante a ocupação alemã. Nesta instituição, considerada o berço da psicologia francesa, ocupou a cadeira de psicologia e educação da criança.

Em 1948, cria a revista *Enfance*, publicação que deveria ser ao mesmo tempo instrumento para os pesquisadores em psicologia e fonte de informações para os educadores. Neste periódico, que continua a ser publicado, Wallon publicou artigos sobre pesquisas, individuais e com colaboradores, e escreveu prefácios a números especiais. A variedade dos temas sobre os quais tratam os prefácios ("os livros para crianças", "cineclubes para jovens" "a adolescência", entre outros) atesta seu interesse pela multiplicidade de campos onde se dá a atividade da criança.

Rumo à educação

Ao longo de sua carreira, as atividades do psicólogo Henri Wallon foram se aproximando cada vez mais da educação. Se, por um lado, viu o estudo da criança como um recurso para conhecer o psiquismo humano, por outro, interessou-se pela infância como problema concreto, sobre o qual se debruçou com atenção e engajamento. É o que mostram seu interesse teórico por problemas da educação e sua participação no debate educacional de sua época.

Considerava que entre a psicologia e a pedagogia deveria haver uma relação de contribuição recíproca. Via a escola, meio peculiar à infância e "obra fundamental da sociedade contemporânea", como um contexto privilegiado para o estudo da criança. Assim, a pedagogia ofereceria campo de observação à psicologia, mas também questões para investigação. A psicologia, por sua vez, ao construir conhecimentos sobre o processo de desenvolvimento infantil ofereceria um importante instrumento para o aprimoramento da prática pedagógica.

Escreveu diversos artigos sobre temas ligados à educação, como orientação profissional, formação do professor, interação entre alunos, adaptação escolar. Mesmo em seus textos dedicados especificamente a temas da psicologia são frequentes as referências à atividade da criança na escola.

Participou ativamente do debate educacional de sua época, quando os críticos ao ensino tradicional reuniam-se no Movimento da Escola Nova. Wallon participou do Grupo Francês de Educação Nova – que presidiu, de 1946 a 1962 – e onde pôde conhecer as diferentes doutrinas propostas pelo movimento. Integrou também a Sociedade Francesa de Pedagogia, que reunia educadores com o objetivo de trocar experiências e reflexões. Nesta entidade – que presidiu de 1937 a 1962 – pôde entrar em contato com o meio dos professores e com os problemas concretos do ensino primário.

Mesmo envolvido com o movimento, Wallon conseguia manter certo distanciamento crítico, fazendo considerações ainda hoje pertinentes. Uma delas diz respeito ao risco de espontaneísmo subjacente a algumas propostas de renovação pedagógica.

Dos expoentes da Escola Nova, Decroly era o que mais lhe agradava. Identificava, na pedagogia do educador belga, pontos de convergência com sua psicologia, sobretudo no que tange à exigência de a escola encarar a criança como ser total, concreto e ativo e de manter-se em contato com o meio social.

Seu interesse pela educação esteve presente na viagem que fez ao Brasil, em 1935. Nas palavras do sociólogo Gilberto Freyre, que anfitriou Wallon no Rio de Janeiro, passaram "o dia todo correndo escolas e o morro da Mangueira".

Durante a Resistência envolveu-se em discussões acerca da reforma do sistema de ensino francês. Logo após a Libertação foi designado, pelo Conselho Nacional da Resistência, como secretário-geral da educação nacional. Permaneceu no cargo por um mês, até a nomeação de um ministro, por parte do governo de Gaulle.

Ainda em 1944, Wallon foi chamado para integrar uma comissão nomeada pelo Ministério da Educação Nacional, encarregada da reformulação do sistema de ensino francês. Assumiu a presidência da comissão em substituição ao físico Paul Langevin, morto no final de 1946. Os trabalhos da comissão resultaram num ambicioso projeto de reforma do ensino, o Plano Langevin-Wallon.

Esse projeto, cuja versão final foi redigida por Wallon, é a expressão mais concreta de seu pensamento pedagógico. Portador do espírito reinante na Resistência, o plano representa as esperanças em uma educação mais justa para uma sociedade mais justa. A reforma proposta (que não chegou a ser implantada) deveria operar-se no sentido de adequar o sistema às necessidades de uma sociedade democrática e às possibilidades e características psicológicas do indivíduo, favorecendo o máximo desenvolvimento das aptidões individuais e a formação do cidadão.

Capítulo II
Uma psicogênese
da pessoa completa

Desde suas origens, a psicologia se vê às voltas com a definição de suas balizas como campo de conhecimento. A natureza de seu objeto – o próprio sujeito – dificulta que este seja tratado de forma exterior e distanciada, e a torna especialmente suscetível a substituições indevidas entre o plano subjetivo e o objetivo. Outro agravante corresponde à dificuldade de situá-la entre os campos da atividade científica: ciências do homem ou ciências da natureza?

Psicologia: entre as ciências naturais e as ciências sociais

Preocupado em afirmar a especificidade da psicologia como ciência, Wallon busca explicitar seus fundamentos epistemológicos, objetivos e métodos. Dialoga com as principais correntes no pensamento filosófico ocidental, procurando identificar a origem das contradições que atingem a psicologia de sua época. Opõe-se às concepções reducionistas que limitam a compreensão do psiquismo humano a um ou a outro termo da dualidade espírito-matéria.

Tece vigorosas críticas à psicologia da introspecção que, baseada numa concepção idealista, vê o psiquismo como entidade incondicionada, completamente independente do mundo material. Refuta a introspecção, isto é, a reflexão do sujeito sobre suas sensações e imagens mentais, como único instrumento de acesso à vida psíquica. Reduzindo o psiquismo à vida interior, esta teoria coloca a consciência como ponto de partida da psicologia e como único meio de explicação para a realidade psíquica.

Esta concepção *idealista* está presente também na teoria de Bergson, que leva ainda mais adiante o mergulho íntimo proposto pela psicologia introspectiva. Considerando que toda referência aos fatores exteriores altera a realidade fundamental das coisas, Bergson elege a intuição como única via de acesso ao real. Assim, no campo dos fenômenos psíquicos, opõe-se ao emprego de qualquer procedimento de análise proveniente das ciências naturais (observação, experimentação, mensuração), que falseariam esta realidade. Assim, Bergson recusa a possibilidade da psicologia científica.

No extremo oposto, os *materialistas mecanicistas* proclamam as bases biológicas da ciência psicológica. Remetendo a explicação dos fenômenos psíquicos a fatores exteriores, situam-nos na matéria e no organismo. Por essa visão organicista, a consciência seria um simples decalque das estruturas cerebrais. Esse reducionismo expressa-se bem na fórmula proposta por Cabanis, segundo a qual o pensamento é um produto do cérebro, tal como a bile é produto do fígado.

Wallon admite o organismo como condição primeira do pensamento, afinal toda função psíquica supõe um equipamento orgânico. Adverte, contudo, que não lhe constitui uma razão suficiente, já que o objeto da ação mental vem do exterior, isto é, do grupo ou ambiente no qual o indivíduo se insere. Entre os fatores de natureza orgânica e os de natureza social as fronteiras são tênues, é uma complexa relação de determinação recíproca. O homem é determinado fisiológica e socialmente, sujeito, portanto, a uma dupla história, a de suas disposições internas e a das situações exteriores que encontra ao longo de sua existência.

Wallon identifica, nessas abordagens psicológicas, a expressão das contradições do pensamento dualista ao qual se opunha. "Psicologia idealista, tese. Materialismo mecanicista, antítese. Mas a síntese foi ainda atrasada por uma atitude neutralista, o positivismo, que é ainda defendida por um grande número de cientistas"[8]. Contrário ao *positivismo*, Wallon critica sua intenção de reduzir as ciências do homem ao estudo de objetos exteriores passíveis de serem abordados conforme critérios de neutralidade e objetividade, tais como definidos nas ciências da natureza. Para Comte, ao cientista cabe somente observar (e medir) os fatos, constatar suas condições objetivas de existência e estabelecer correlações entre as variáveis envolvidas, mantendo-se deles distanciados. Segundo o filósofo positivista, o fato de ter um objeto que modifica-se conforme é observado (tomava por referência a introspecção) torna psicologia impermeável ao rigor e à objetividade. Assim, Comte recusa a inclusão da psicologia no quadro das ciências.

É possível identificar, nas críticas que faz Wallon às diversas abordagens da psicologia ou filosofia, a constante intenção de tentar superar dicotomias e análises reducionistas. Esta intenção permanente, traço característico de sua atitude teórica, reforça a atualidade de seu pensamento; afinal, a superação dos dualismos continua sendo uma questão da máxima relevância no debate teórico contemporâneo.

---

8. WALLON, Henri. Métérialisme dialectique et psychologie. In: WALLON, Henri. *Psychologie et dialectique*. Paris: Messidor/ Ed. Sociales, 1990, p. 134.

Segundo nosso autor, o *materialismo dialético*, ao coordenar pontos de vista apresentados sob forma exclusiva e absoluta pelas diferentes doutrinas filosóficas, é a única abordagem que permite a superação das antinomias que entravam a objetiva compreensão da realidade. Buscando a compreensão dos fenômenos a partir dos vários conjuntos dos quais participa e admitindo a contradição como constitutiva do sujeito e do objeto, este referencial apresenta-se como particularmente fecundo para o estudo de uma realidade híbrida, como é a da psicologia.

A existência do homem, ser indissociavelmente biológico e social, dá-se entre as exigências do organismo e as da sociedade, entre os mundos contraditórios da matéria viva e da consciência. O estudo do psiquismo não deve, portanto, desconsiderar nenhum desses fatores, nem tampouco tratá-los como termos independentes; deve ser situado entre o campo das ciências naturais e sociais. Para constituir-se como ciência, a psicologia precisa dar um passo decisivo no sentido de unir o espírito e a matéria, o orgânico e o psíquico.

Para Wallon, o estudo desta realidade movediça e contraditória que é o homem e seu psiquismo beneficia-se enormemente do recurso ao *materialismo dialético*, perspectiva filosófica especialmente capaz de captar a realidade em suas permanentes mudanças e transformações. "Decalcado do real, aceita toda a sua diversidade, todas as contradições, convencido de que elas devem se resolver e que até são elementos de explicação, pois que o real é o que é, não obstante ou mais precisamente por causa delas"[9].

Devido à adequação às características do seu objeto, Wallon adota o materialismo dialético como método de análise e

---

9. WALLON, Henri. Fundamentos metafísicos ou fundamentos dialéticos da psicologia. In: *Objectivos e métodos da psicologia*. Lisboa: Editorial Estampa, 1975.

fundamento epistemológico de sua teoria psicológica, uma psicologia dialética.

O papel da análise genética e do recurso a comparações múltiplas

A psicologia genética estuda as origens, isto é, a gênese dos processos psíquicos. Partindo do mais simples, do que vem antes na cronologia de transformações por que passa o sujeito, a análise genética é, para Wallon, o único procedimento que não dissolve em elementos estanques e abstratos a totalidade da vida psíquica. Constitui-se, assim, no método de uma psicologia geral, concebida como conhecimento do adulto através da criança.

Recusando-se a selecionar um único aspecto do ser humano e isolá-lo do conjunto, Wallon propõe o estudo integrado do desenvolvimento, ou seja, que este abarque os vários *campos funcionais* nos quais se distribui a atividade infantil (afetividade, motricidade, inteligência). Vendo o desenvolvimento do homem, ser "geneticamente social", como processo em estreita dependência das condições concretas em que ocorre, propõe o estudo da criança contextualizada, isto é, nas suas relações com o meio. Podemos definir o projeto teórico de Wallon como a elaboração de uma psicogênese da pessoa completa.

Em termos metodológicos, a teoria walloniana tem seus pilares na perspectiva genética e na análise comparativa. Para este autor, "a explicação de um fenômeno exige que se saia do plano em que ele se dá, já que um fato não pode conter a própria causa"[10]; quanto maior o número de planos de comparação

---

10. DANTAS, Heloysa. *A infância da razão*: uma introdução à psicologia da inteligência de Henri Wallon. São Paulo: Manole, 1990, p. 11.

utilizados mais completa a explicação dos fenômenos estudados. Assim, para a compreensão do desenvolvimento infantil não bastam os dados fornecidos pela psicologia genética, é preciso recorrer a dados provenientes de outros campos de conhecimento. Neurologia, psicopatologia, antropologia e a psicologia animal foram os campos de comparação privilegiados por Wallon.

Tran Thong chama de "concreto multidimensional" este método, que, em resumo, consiste em estudar "a criança como uma realidade viva e total no conjunto de sua atividade, de seu comportamento e no conjunto de suas condições de existência e em seguir seu desenvolvimento em todos os seus aspectos e situá-lo com relação a outros desenvolvimentos com os quais apresente algum tipo de semelhança"[11].

A *patologia* funciona como uma espécie de lente de aumento que permite enxergar, de forma acentuada, fenômenos também presentes no indivíduo normal. Tornando-o mais lento ou fixando-o num determinado nível, os distúrbios patológicos deixam mais evidentes processos também presentes no indivíduo normal, no qual são mais dificilmente apreendidos devido ao ritmo acelerado com que ocorre o desenvolvimento e à maior quantidade de funções em atividade.

Wallon acompanhou com atenção os avanços da *neurologia* da época (Pavlov, Sherrington) e, contrário à visão localizacionista, defendia a ideia da plasticidade do sistema nervoso. O estudo das síndromes psicomotoras, ao qual se dedicou diretamente, deixou evidentes as relações entre movimento e psiquismo, bem como o papel fundamental desempenhado pelo meio social. Em situação de dependência, o doente dirige suas

---

11. TRAN THONG. *Stades et concept de stade de développement de l'enfant dans la psychologie contemporaine.* Paris: Librairie Philosophique J. Vrin, 1986, p. 287.

ações para as pessoas das quais depende, criando um vínculo que age sobre suas próprias reações. Se a interferência do meio pode ser percebida já nas condutas mais próximas do funcionamento orgânico, como é o caso nas patologias, na criança normal esta influência é ainda maior.

No campo da *psicologia animal*, Wallon aproveitou os resultados de diferentes tipos de pesquisa, de acordo com a questão enfocada. Por exemplo, para discutir o significado e o impacto da linguagem no desenvolvimento, utiliza-se dos resultados das experiências de Kohler com chimpanzés, as quais se baseiam na ideia de que o traço diferencial com a espécie humana é justamente a ausência de função simbólica.

A *antropologia*, que na época dedicava-se sobretudo ao estudo das sociedades ditas primitivas, forneceu-lhe valioso material comparativo. Para Wallon, a comparação entre sociedades distintas favorece que se apreenda a influência das técnicas, instrumentos e conhecimentos, ou seja, do meio cultural, sobre o desenvolvimento do sujeito. Não se deve, todavia, simplesmente assimilar a criança ao "primitivo", como se esta, em seu processo de desenvolvimento, fosse percorrer as mesmas etapas que percorreu a espécie humana na história da humanidade, numa recapitulação da filogênese pela ontogênese.

Neste campo, destaca-se a influência exercida por Levy-Bruhl, de quem Wallon foi aluno e a quem atribui a abertura de seus horizontes para a importância do estudo de outras civilizações. Em seus estudos antropológicos este pesquisador opõe a mentalidade das sociedades atuais à das sociedades ditas primitivas, atribuindo à primeira o primado da razão e às segundas a irracionalidade. Em consequência, aproxima o "pensamento primitivo" do pensamento da criança, classificando ambos como pré-lógicos.

Pela análise que faz de dados antropológicos Wallon contesta essa posição. Identifica nos mitos tentativas racionais de explicar o real, calcadas na objetiva diferenciação entre a existência sensível e a imaginária. Assim, aproxima o pensamento do "primitivo" do pensamento científico (lógico) e o distancia do pensamento infantil. Todavia, mesmo insistindo nas diferenças existentes entre o pensamento da criança e o do primitivo, reconhece semelhanças entre ambos, as quais se devem a fatores diferenciados: na criança explica-se pela inaptidão provisória em utilizar as técnicas e os instrumentos de sua própria época e no primitivo pela inexistência desses recursos no ambiente em que se formou.

Não obstante o recurso a outras áreas de conhecimento, Wallon utilizou-se largamente de pesquisas realizadas no campo da *psicologia da criança*, pesquisas pioneiras feitas por autores como Stern, Preyer, C. Buhler e Guillaume. Aproveitou o material descritivo oferecido por esses autores, composto, em sua maior parte, de minuciosas observações longitudinais (uma mesma criança acompanhada em várias idades). Discute as interpretações dadas pelos autores das observações e busca explicações capazes de integrar as diversidades dos dados em que se baseia, contextualizando-os num referencial explicativo próprio.

Foi intensa a interlocução de Wallon com as teorias de Piaget e de Freud. No diálogo mantido com o primeiro, de quem foi contemporâneo, alimenta o tom de polêmica, numa atitude que lhe era peculiar. "Por parte de Piaget, existe uma disposição permanente para buscar continuidade e complementaridade entre sua obra e a do colega. (...) Wallon, pelo contrário, acentua sempre as contradições e dessemelhanças entre elas, já que, a seu ver, esse é o melhor procedimento a adotar na busca do conhecimento"[12]. Concordes quanto à utilidade da análise genética para a compreensão dos processos psíquicos, utilizavam-na para projetos teóricos distintos: Wallon pretendia realizar uma psicogênese da pessoa e Piaget uma psicogênese da inteligência.

Nas numerosas referências que faz à psicanálise de Freud, Wallon mantém uma atitude ambivalente, ao mesmo tempo de interesse e reserva. Partindo de formação similar (neurologia e medicina) a atuação prática que tiveram esses psicólogos imprimiu direções distintas à evolução de suas teorias. "Freud foi obrigado a abandonar o domínio da neurologia para criar a terapia das neuroses, ao passo que Wallon mantém-se ligado às categorias neurológicas, numa necessidade que lhe era, provavelmente, imposta pelo atendimento clínico a crianças com distúrbios de comportamento"[13].

No que concerne aos procedimentos metodológicos para se ter acesso à criança, Wallon elege a *observação* como o instrumento privilegiado da psicologia genética. A *observação* permite o acesso à atividade da criança em seus contextos, condição para que se compreenda o real significado de cada uma de suas manifestações: só podemos entender as atitudes da criança se entendemos a trama do ambiente no qual está inserida.

Adverte, todavia, para a ilusão de que a observação seja um recurso totalmente objetivo, um decalque exato e completo da realidade. Toda observação supõe uma escolha, "dirigida pelas relações que podem existir entre o objeto ou fato e a nossa expectativa, em outros termos, nosso desejo, nossa hipótese

---

12. DANTAS, Heloysa. *A infância da razão*: uma introdução à psicologia da inteligência de Henri Wallon. São Paulo: Manole, 1990, p. 11-12.
13. JALLEY, E. Introduction à la lecture de la vie mentale. In: *La vie mentale*. Paris, Éditions Sociales, 1982, p. 27.

ou mesmo nossos simples hábitos mentais"[14]. Como distinguir a fronteira entre a subjetividade do observador e a realidade objetiva? Admitindo o esforço de objetividade que deve reger a prática científica, Wallon recomenda que o observador se esforce por explicitar, ao máximo, os referenciais prévios que influenciam seu olhar e sua reflexão.

Um referencial inevitável para o adulto que estuda a criança é a comparação entre o comportamento desta e o seu próprio. Nesse contraponto, é comum que se olhe a conduta da criança como um diminutivo da conduta do adulto, como se entre ambas houvesse só diferenças quantitativas. Esta perspectiva leva à caracterização do comportamento infantil como um aglomerado de faltas e insuficiências, o que obscurece a apreensão de suas peculiaridades e características próprias. Discordando das teorias que assim procedem, Wallon propõe que se estude o desenvolvimento infantil tomando a própria criança como ponto de partida, buscando compreender cada uma de suas manifestações no conjunto de suas possibilidades, sem a prévia censura da lógica adulta.

---

14. WALLON, Henri. *L'évolution psychologique de l'enfant*. Paris: Armand Colin, p. 18 e 19.

Capítulo III
A complexa dinâmica do desenvolvimento infantil

No desenvolvimento humano podemos identificar a existência de etapas claramente diferenciadas, caracterizadas por um conjunto de necessidades e de interesses que lhe garantem coerência e unidade. Sucedem-se numa ordem necessária, cada uma sendo a preparação indispensável para o aparecimento das seguintes.

O estudo da criança contextualizada possibilita que se perceba que, entre os seus recursos e os de seu meio, instala-se uma dinâmica de determinações recíprocas: a cada idade estabelece-se um tipo particular de interações entre o sujeito e seu ambiente. Os aspectos físicos do espaço, as pessoas próximas, a linguagem e os conhecimentos próprios a cada cultura formam o contexto do desenvolvimento. Conforme as disponibilidades da idade, a criança interage mais fortemente com um ou outro aspecto de seu contexto, retirando dele os recursos para o seu desenvolvimento e atividade. Com base nas suas competências e necessidades, a criança tem sempre a escolha do campo sobre o qual aplicar suas condutas. O meio não é, portanto, uma entidade estática e homogênea, mas transforma-se juntamente com a criança.

A determinação recíproca que se estabelece entre as condutas da criança e os recursos de seu meio imprime um caráter de extrema relatividade ao processo de desenvolvimento. Não obstante esta permeabilidade às influências do ambiente e da cultura, o desenvolvimento tem uma dinâmica e um ritmo próprios, resultantes da atuação de *princípios funcionais* que agem como uma espécie de leis constantes. Mais adiante explicaremos quais são esses princípios.

Fatores orgânicos e fatores sociais

Os fatores orgânicos são os responsáveis pela sequência fixa que se verifica entre os estágios do desenvolvimento, todavia, não garantem uma homogeneidade no seu tempo de duração. Podem ter seus efeitos amplamente transformados pelas circunstâncias sociais nas quais se insere cada existência individual e mesmo por deliberações voluntárias do sujeito. Por isso a duração de cada estágio e as idades a que correspondem são referências relativas e variáveis, em dependência de características individuais e das condições de existência.

Mais determinante no início, o biológico vai, progressivamente, cedendo espaço de determinação ao social. Presente desde a aquisição de habilidades motoras básicas, como a preensão e a marcha, a influência do meio social torna-se muito mais decisiva na aquisição de condutas psicológicas superiores, como a inteligência simbólica. É a cultura e a linguagem que fornecem ao pensamento os instrumentos para sua evolução. O simples amadurecimento do sistema nervoso não garante o desenvolvimento de habilidades intelectuais mais complexas. Para que se desenvolvam, precisam interagir com "alimento cultural", isto é, linguagem e conhecimento.

Assim, não é possível definir um limite terminal para o desenvolvimento da inteligência, nem tampouco da pessoa, pois dependem das condições oferecidas pelo meio e do grau de apropriação que o sujeito fizer delas. As funções psíquicas podem prosseguir num permanente processo de especialização e sofisticação, mesmo que do ponto de vista estritamente orgânico já tenham atingido a maturação.

Ritmo do desenvolvimento

O ritmo pelo qual se sucedem as etapas é descontínuo, marcado por rupturas, retrocessos e reviravoltas. Cada etapa traz uma profunda mudança nas formas de atividade do estágio anterior. Ao mesmo tempo, condutas típicas de etapas anteriores podem sobreviver nas seguintes, configurando encavalamentos e sobreposições.

A psicogenética walloniana contrapõe-se às concepções que veem no desenvolvimento uma linearidade, e o encaram como simples adição de sistemas progressivamente mais complexos que resultariam da reorganização de elementos presentes desde o início. Para Wallon, a passagem de um a outro estágio não é uma simples ampliação, mas uma reformulação. Com frequência, instala-se, nos momentos de passagem, uma crise que pode afetar visivelmente a conduta da criança.

Segundo a perspectiva walloniana o desenvolvimento infantil é um processo pontuado por conflitos. Conflitos de origem exógena, quando resultantes dos desencontros entre as ações da criança e o ambiente exterior, estruturado pelos adultos e pela cultura. De natureza endógena, quando gerados pelos efeitos da maturação nervosa. Até que se integrem aos centros responsáveis por seu controle, as funções recentes ficam sujeitas a aparecimentos intermitentes e entregues a exercícios de si mesmas, em atividades desajustadas das circunstâncias exteriores. Isso desorganiza, conturba, as formas de conduta que já tinham atingido certa estabilidade na relação com o meio.

Coerente com seu referencial epistemológico, para o qual a contradição é constitutiva do sujeito e do objeto, Wallon vê os conflitos como propulsores do desenvolvimento, isto é, como fatores *dinamogênicos*. Esta concepção quanto ao significado dos conflitos repercute na atitude de Wallon diante do estudo do desenvolvimento infantil, fazendo-o dirigir aos momentos de crise maior atenção.

A exemplo das características que identifica no desenvolvimento, a descrição que Wallon faz dos estágios é descontínua e assistemática. Na maior parte de seus escritos, elege um tipo de atividade como foco principal e procede mostrando suas características em diferentes idades e delineando suas relações com outros tipos de atividades. Podemos conhecer melhor os focos escolhidos percorrendo os títulos de algumas de suas obras mais importantes. Em *Origens do caráter na criança*, Wallon privilegia a análise do comportamento emocional, em *Origens do pensamento na criança* enfoca o desenvolvimento da inteligência discursiva e em *Do ato ao pensamento* centra-se na passagem da motricidade para a representação.

São em menor número os trabalhos nos quais se encontra uma visão de conjunto da psicogênese da pessoa. É o caso de alguns artigos[15] e do livro *A evolução psicológica da criança*, obra de síntese que oferece uma abordagem mais sistemática do desenvolvimento nos vários campos funcionais, do nascimento até aproximadamente os sete anos.

Wallon vê o desenvolvimento da pessoa como uma construção progressiva em que se sucedem fases com predominância

---

15. No final deste livro colocamos um trecho do artigo "Os estágios da evolução psicológica da criança", no qual sua concepção psicogenética é exposta de forma sistemática.

alternadamente afetiva e cognitiva. Cada fase tem um colorido próprio, uma unidade solidária, que é dada pelo predomínio de um tipo de atividade. As atividades predominantes correspondem aos recursos que a criança dispõe, no momento, para interagir com o ambiente. Para uma compreensão mais concreta desta ideia, passemos a uma descrição das características centrais de cada um dos cinco estágios propostos pela psicogenética walloniana.

No *estágio impulsivo-emocional*, que abrange o primeiro ano de vida, o colorido peculiar é dado pela emoção, instrumento privilegiado de interação da criança com o meio. Resposta ao seu estado de imperícia, a predominância da afetividade orienta as primeiras reações do bebê às pessoas, as quais intermedeiam sua relação com o mundo físico; a exuberância de suas manifestações afetivas é diretamente proporcional a sua inaptidão para agir diretamente sobre a realidade exterior.

No *estágio sensório-motor e projetivo*, que vai até o terceiro ano, o interesse da criança se volta para a exploração sensório--motora do mundo físico. A aquisição da marcha e da preensão possibilitam-lhe maior autonomia na manipulação de objetos e na exploração de espaços. Outro marco fundamental deste estágio é o desenvolvimento da função simbólica e da linguagem. O termo "projetivo" empregado para nomear este estágio deve--se à característica do funcionamento mental: ainda nascente, o pensamento precisa do auxílio dos gestos para se exteriorizar, o ato mental "projeta-se" em atos motores. Ao contrário do estágio anterior, neste predominam as relações cognitivas com o meio (inteligência prática e simbólica).

No *estágio do personalismo*, que cobre a faixa dos três aos seis anos, a tarefa central é o processo de formação da personalidade. A construção da consciência de si, que se dá por meio das interações sociais, reorienta o interesse da criança para as pessoas, definindo o retorno da predominância das relações afetivas.

Por volta dos seis anos, inicia-se o *estágio categorial*, que, graças à consolidação da função simbólica e à diferenciação da personalidade realizadas no estágio anterior, traz importantes avanços no plano da inteligência. Os progressos intelectuais dirigem o interesse da criança para as coisas, para o conhecimento e conquista do mundo exterior, imprimindo às suas relações com o meio preponderância do aspecto cognitivo.

No estágio da adolescência, a crise pubertária rompe a "tranquilidade" afetiva que caracterizou o estágio categorial e impõe a necessidade de uma nova definição dos contornos da personalidade, desestruturados devido às modificações corporais resultantes da ação hormonal. Este processo traz à tona questões pessoais, morais e existenciais, numa retomada da predominância da afetividade.

Como vimos, a momentos predominantemente afetivos, isto é, subjetivos e de acúmulo de energia, sucedem outros que são predominantemente cognitivos, isto é, objetivos e de dispêndio de energia. É o que Wallon chama de *predominância funcional*. O predomínio do caráter intelectual corresponde às etapas em que a ênfase está na elaboração do real e no conhecimento do mundo físico. A dominância do caráter afetivo e, consequentemente, das relações com o mundo humano, correspondem às etapas que se prestam à construção do eu.

Na sucessão dos estágios há uma alternância entre as formas de atividade que assumem a preponderância em cada fase. Cada nova fase inverte a orientação da atividade e do interesse da criança: do eu para o mundo, das pessoas para as coisas. Trata-se do princípio da *alternância funcional*. Apesar de alternarem a dominância, afetividade e cognição não se mantêm como funções exteriores uma à outra. Cada uma, ao reaparecer como atividade predominante num dado estágio, incorpora as conquistas realizadas pela outra, no estágio anterior, construindo-se reciprocamente, num permanente processo de integração e diferenciação.

Assim temos, no primeiro estágio da psicogênese, uma afetividade impulsiva, emocional, que se nutre pelo olhar, pelo contato físico e se expressa em gestos, mímica e posturas. A afetividade do personalismo já é diferente, pois incorpora os recursos intelectuais (notadamente a linguagem) desenvolvidos ao longo do estágio sensório-motor e projetivo. É uma afetividade simbólica, que se exprime por palavras e ideias e que por esta via pode ser nutrida. A troca afetiva, a partir desta integração pode se dar à distância, deixa de ser indispensável a presença física das pessoas.

Em seguida, integrando os progressos intelectuais realizados no estágio categorial, a afetividade torna-se cada vez mais racionalizada – os sentimentos são elaborados no plano mental, os jovens teorizam sobre suas relações afetivas.

Esta construção recíproca explica-se pelo princípio da *integração funcional*. Este é um princípio extraído do processo de maturação do sistema nervoso, no qual as funções mais evoluídas, de amadurecimento mais recente, não suprimem as mais arcaicas, mas exercem sobre elas o controle. As funções elementares vão perdendo a autonomia conforme são integradas pelas mais aptas para adequar as reações às necessidades da situação. No caso das funções psíquicas, o processo é semelhante ao das funções nervosas: as novas possibilidades que surgem num dado estágio não suprimem as capacidades anteriores. Dá-se uma integração das condutas mais antigas pelas mais recentes, em que estas últimas passam a exercer o controle sobre as primeiras. Enquanto não se consolida essa integração, as funções ficam sujeitas a aparições intermitentes, submetendo-se a longos períodos de eclipse depois de ter se manifestado uma, ou mesmo várias vezes durante um curto período.

Outra característica das funções psíquicas desintegradas é exercerem-se desajustadas de objetivos exteriores, entregues a exercícios de si mesmas. Para ter uma ideia mais clara dessa noção, basta pensarmos no caso da criança que está aprendendo a andar. É capaz de repetir inúmeras vezes o mesmo percurso sem ter por finalidade chegar a nenhum lugar, totalmente absorta em explorar os vários efeitos de sua capacidade recém-adquirida. Ou ainda a cena da criança que, aprendendo a falar, repete infinitas vezes a palavra recém-aprendida, independente desta estar ou não adaptada ao contexto do diálogo. Esse tipo de ação que não tem objetivo nas circunstâncias exteriores é chamada de jogo funcional, e é considerada o tipo mais primitivo de atividade lúdica.

A integração funcional não é definitiva, mesmo que as capacidades já tenham se subordinado aos centros de controle, podem ser provisoriamente desintegradas. Isso explica os frequentes retrocessos por que é marcado o desenvolvimento. Esses retrocessos, entendidos como o reaparecimento de formas mais arcaicas de atividade, são facilmente observáveis na relação da criança com tarefas escolares. Na atividade de desenho, por exemplo, a atitude de uma criança que, mesmo já dominando sofisticados recursos de representação gráfica, vez por outra rabisca. No processo de alfabetização, a criança que já construiu a hipótese alfabética, mas, vez por outra, escreve com base em hipóteses anteriores – silabicamente, por exemplo.

O ritmo descontínuo que Wallon assinala ao processo de desenvolvimento infantil assemelha-se ao movimento de um pêndulo que, oscilando entre polos opostos, imprime características próprias a cada etapa do desenvolvimento. Aliás, se pensamos na vida adulta, vemos que esse movimento pendular continua presente. Faz-se visível no permanente pulsar a que está sujeito cada um de nós: ora mais voltados para a realidade exterior, ora voltados para si próprio; alternando fases de acúmulo de energia, a fases mais propícias ao dispêndio.

Capítulo IV
Conflitos eu-outro e a construção da pessoa

Ao buscar enfocar o ser humano por uma perspectiva global, a psicogenética walloniana identifica a existência de alguns campos que agrupam a diversidade das funções psíquicas. A afetividade, o ato motor, a inteligência, são *campos funcionais* entre os quais se distribui a atividade infantil. Aparecem pouco diferenciados no início do desenvolvimento e só aos poucos vão adquirindo independência um do outro, constituindo-se como domínios distintos de atividade. A pessoa é o todo que integra esses vários campos e é, ela própria, um outro campo funcional.

Ao longo do desenvolvimento ocorrem sucessivas diferenciações entre os campos e no interior de cada um. A ideia de *diferenciação* é um conceito-chave na psicogenética walloniana, e pode ser melhor compreendida se acompanharmos o processo de formação da personalidade tal como descrito por esta teoria.

Segundo Wallon, o estado inicial da consciência pode ser comparado a uma nebulosa, uma massa difusa, na qual se confundem o próprio sujeito e a realidade exterior. O recém-nascido não se percebe como indivíduo diferenciado. Num estado de simbiose afetiva com o meio, parece misturar-se à sensibilidade ambiente e, a todo instante, repercutir em suas reações, as de seu meio. A distinção entre o *eu* e o *outro* só se adquire progressivamente, num processo que se faz nas e pelas interações sociais.

Até que a criança saiba identificar sua personalidade e a dos outros, correspondendo a primeira ao *eu* e as segundas à categoria do *não-eu*, encontra-se num estado de dispersão e indiferenciação, percebendo-se como que fundida ao outro e aderida às situações e circunstâncias. Portanto, o sentido do processo de socialização é de crescente *individuação*.

Esta concepção quanto ao sentido do processo de socialização opõe-se à concepção piagetiana, a qual, segundo Wallon, identifica como direção do desenvolvimento o alargamento gradual do campo em que podem desenvolver-se as atividades e os interesses da criança, com a passagem de uma consciência estritamente individual (egocêntrica) a uma consciência social, aberta à representação do outro e capaz de relações de reciprocidade.

O eu corporal

O recém-nascido não se diferencia do outro nem mesmo no plano corporal. Situações comuns ao bebê, como aquela em que, surpreso, grita de dor após morder o próprio braço, ilustram o inacabamento do *recorte corporal*. O bebê ainda não diferencia o seu corpo das superfícies exteriores.

É pela interação com os objetos e com o seu próprio corpo – em atitudes como colocar o dedo nas orelhas, pegar os pés, segurar uma mão com a outra – que a criança estabelece relações entre seus movimentos e suas sensações e experimenta, sistematicamente, a diferença de sensibilidade existente entre o que pertence ao mundo exterior e o que pertence a seu próprio corpo. Por essas experiências torna-se capaz de reconhecer, no plano das sensações, os limites de seu corpo, isto é, constrói-se o recorte corporal.

Esta diferenciação entre o espaço objetivo e o subjetivo ocorre no primeiro ano de vida e é uma etapa da formação do eu corporal. A segunda etapa corresponde à *integração do corpo das sensações ao corpo visual,* isto é, à junção do corpo tal como sentido pelo próprio sujeito à sua imagem tal como vista pelos outros. O desenrolar deste processo pode ser acompanhado pelas reações da criança frente ao espelho: leva um tempo até que reconheça como sua a imagem refletida. Este processo de integração ocorre ao longo do estágio sensório-motor e projetivo, beneficiado pelo desenvolvimento das condutas instrumentais e da função simbólica.

O eu psíquico

A construção do eu corporal é condição para a construção do eu psíquico, tarefa central do estágio personalista. No período anterior à apropriação da consciência de si, a criança encontra-se num estado de *sociabilidade sincrética.* O adjetivo *sincrético* é utilizado para designar as misturas e confusões a que está submetida a personalidade infantil. Indiferenciada, a criança percebe-se como que fundida nos objetos ou nas situações familiares, mistura a sua personalidade à dos outros, e a destes entre si. Vejamos alguns exemplos citados por Wallon no livro *Origens do caráter na criança.*

Uma criança de 2 anos e meio, toda vez que ouvia o barulho de um copo quebrando, olhava consternada para as mãos e punha-se em situação de defesa. Sua reação dava a impressão de que se achava culpada pela quebra do copo. Ou seja, bastava que se repetisse uma situação semelhante para que novamente se sentisse culpada.

Um menino com pouco menos de 3 anos era o caçula de uma família, até que a mãe tem outro filho. Nos dias após o nascimento da irmãzinha, muda visivelmente sua forma de agir: comporta-se como se fosse a irmã mais velha, referindo-se a si pelo nome desta e dando a ela um outro nome. Ao ver alterado o lugar que ocupava na família, é como se o garoto assumisse uma nova personalidade.

Uma menina de 2 anos e 9 meses pergunta à mãe, após ouvi-la cantar tal como fazia a governanta, se ela é a governanta: "Você é uma Elsa?"

Nos três exemplos, a consciência de si está inacabada e a personalidade apresenta-se sem contornos definidos, sincrética. O primeiro exemplo dá a ideia de uma personalidade dispersa, em que sentimentos ligados a ela, como o de culpa, aparecem atrelados à situação exterior. No segundo exemplo, a noção que o menino tem de si próprio não tem autonomia em relação à posição que ele ocupa na família, a condição de caçula é constitutiva de sua identidade pessoal. No terceiro, a menina funde, numa só, duas pessoas que possuíam uma particularidade comum, revelando que não vê de forma autônoma a personalidade das outras pessoas.

Outro indício da indiferenciação do eu psíquico é o fato de, até certa idade, a criança referir-se a sua pessoa mais frequentemente pelo próprio nome, na 3ª pessoa, do que pelo pronome "eu". E ainda os frequentes diálogos estabelecidos consigo mesma, nos quais identifica-se alternadamente com ela própria e com um interlocutor imaginário, sem ter clareza quanto à distinção entre ela e o personagem.

O terceiro ano de vida dá início a uma reviravolta nas condutas da criança e nas suas relações com o meio. Torna-se mais frequente o emprego do pronome "eu" e tendem a desaparecer os diálogos consigo mesma, anuncia-se uma fase de afirmação do eu. "Ao invés de se identificar cada vez com um dos personagens, emprestando-lhes alternadamente seus órgãos e seus pensamentos [...], a criança adota um ponto de vista exclusivo e unilateral, o seu, o de uma personalidade particular e constante, tendo sua própria perspectiva e distribuindo os outros com referência a ela própria"[16].

Em geral, esta etapa tem o aspecto de uma verdadeira crise, como bem podem testemunhar os educadores da faixa pré-escolar, na qual são extremamente frequentes os conflitos interpessoais.

A criança opõe-se sistematicamente ao que distingue como sendo diferente dela, o não-*eu*: combate qualquer ordem, convite ou sugestão que venha do *outro*, buscando, com o confronto, testar a independência de sua personalidade recém--desdobrada, expulsar do *eu* o não-*eu*.

Esforça-se por ter papel de destaque e *status* de vencedor, utilizando todas as circunstâncias favoráveis e usando recursos cada vez mais elaborados: manifestações de ciúme, trapaças, "acessos" de tirania, dissimulação. Nesta busca de superioridade pessoal, tem atitudes que podem ser interpretadas como agressivas, como o ato de quebrar o brinquedo de um parceiro que sabe jogar melhor que ela, ou de tentar sabotar um parceiro no qual identifica uma superioridade qualquer. A exacerbação do ponto de vista pessoal é um movimento necessário para destacar, da massa difusa em que se encontra a personalidade, a noção do *eu*.

---

16. WALLON, Henri. *Les origines du caractère chez l'enfant*. Paris: PUF, 1987, p. 285.

Um dos conteúdos que a atitude de oposição adquire é o desejo de propriedade das coisas. Confundindo o *meu* com o *eu* a criança busca, com a posse do objeto, assegurar a posse de sua própria personalidade. Por isso, nas situações de disputa por um mesmo objeto, é comum que o desejo de propriedade conte mais do que o próprio objeto: a criança é capaz de abandonar um brinquedo tão logo o obtenha na disputa com um colega.

O exercício da oposição somado aos progressos da função simbólica fazem com que a criança deixe de confundir sua existência com tudo o que dela participa, isto é, reduzem o sincretismo da personalidade, a qual ganha autonomia e deixa de ser tão facilmente modificada pelas circunstâncias.

Ainda no estágio personalista, quando este primeiro salto na formação do *eu* está de certa forma garantido, a crise de oposição dá lugar a uma fase de personalismo mais positivo, a qual se apresenta em dois momentos. O primeiro é uma etapa de sedução, a "idade da graça". Caracteriza-se pela exuberância e harmonia dos movimentos da criança e por seu empenho em obter a admiração dos outros, da qual tem necessidade para admirar a si própria. Esta aprovação de que ela tem necessidade é o resíduo da participação que antes lhe misturava no *outro*.

No momento seguinte predomina a atividade de imitação. A criança imita as pessoas que lhe atraem, incorporando suas atitudes e também o seu papel social, num movimento de reaproximação ao *outro* que tinha sido negado. É um processo necessário ao enriquecimento do eu e ao alargamento de suas possibilidades.

Na sucessão de conflitos interpessoais que marca o estágio personalista, *expulsão* e *incorporação* do outro são movimentos complementares e alternantes no processo de formação do *eu*.

O conflito *eu-outro* não é uma vivência exclusiva do estágio personalista. Na adolescência, fase em que se faz necessária a reconstrução da personalidade, instala-se uma nova crise de oposição. Com a mesma função da crise personalista, as atitudes de oposição típicas da adolescência apresentam-se, todavia, mais sofisticadas do ponto de vista intelectual, já que a conduta do sujeito incorpora as conquistas cognitivas realizadas durante o estágio categorial. Embora a tendência a certa exacerbação emocional seja ainda observável no adolescente, suas condutas de oposição são apoiadas em argumentos de ordem intelectual, moral ou política.

Manifestando-se de forma concentrada no estágio personalista e na adolescência, a oposição se mantém como um importante recurso para a diferenciação do eu. Para Wallon, "o *outro* é um parceiro perpétuo do *eu* na vida psíquica". Mesmo na vida adulta, os indivíduos se veem às voltas com a definição das fronteiras entre o eu e o outro, as quais podem desfazer-se devido a situações específicas, como de dificuldade ou cansaço. Situação típica em que esses limites se desfazem é a de enamoramento. Na paixão, o enamorado não distingue entre o seu desejo e o do de seu parceiro, é quase total a mistura do *eu* ao *outro*.

Capítulo V
As emoções: entre o orgânico e o psíquico

O estudo das emoções é exemplar para demonstrar a utilidade da dialética como método de análise para a psicologia. Manifestação de natureza paradoxal, a emoção encontra-se na origem da consciência, operando a passagem do mundo orgânico para o social, do plano fisiológico para o psíquico.

Para Wallon, as teorias clássicas sobre as emoções baseiam-se numa lógica mecanicista e não são capazes de compreendê-las em toda a sua complexidade. Nessas teorias distinguem-se duas tendências.

A primeira, abordagem dominante representada por autores como Kantor e Lapicque, vê as emoções como reações incoerentes e tumultuadas. Destaca seu efeito *desagregador*, perturbador sobre a atividade motora e intelectual. Exemplos desses efeitos da emoção podem ser ilustrados por cenas extraídas do cotidiano, tal como a que criamos a seguir.

Em pleno trânsito urbano, um motorista faz uma conversão sem sinalizar adequadamente e bate o carro num outro que vinha à sua direita. Seu carro era novo, ele estava com muita pressa. A trombada, completamente fora de hora, mergulha-o numa cólera aguda. Enraivecido, sai do carro e põe-se a gritar com o motorista do outro carro, acusando-o pela trombada. É claro que, este último, indignado com as acusações injustas, não fica quieto e parte para o contra-ataque. Não é difícil imaginar a tremenda confusão em que se meteu nosso personagem. Tomado pela cólera, tornou mais complicada uma situação já bastante delicada; a emoção teve efeito desagregador.

A segunda tendência, representada por Cannon, destaca o poder *ativador* das emoções, considerando-as como reações positivas. Acompanhadas de uma descarga de adrenalina na circulação e do aumento da quantidade de glicose no sangue e nos tecidos, as emoções provocam aumento de disponibilidades energéticas, o que é, para os adeptos desta abordagem, útil para a ação sobre o mundo físico. Para ilustrar este efeito *ativador*, criamos uma situação em que a emoção atua disponibilizando energia para a ação, no caso, para a fuga.

Andando numa rua deserta, uma pessoa percebe que está sendo seguida. É noite e ela teme ser vítima de uma violência. Com medo, põe-se numa corrida desenfreada, até perder de vista o indivíduo que a seguia. Graças ao medo que sentiu, correu a uma velocidade que não conseguiria atingir em estado normal.

Subjacente a essas tendências clássicas, contrárias entre si, Wallon identifica uma atitude teórica comum. Considera que tentam encaixar as emoções numa lógica linear e simplesmente suprimem o aspecto que não se integra ao quadro conceitual delineado.

Esta não é a atitude de Wallon. Ao invés de tomar partido contra ou a favor das emoções, numa inadequada perspectiva de valoração, busca compreendê-las tentando apreender sua função. Contrariando a visão das teorias clássicas, defende que as emoções são reações organizadas e que se exercem sob o comando do sistema nervoso central. O fato de contarem com centros próprios de comando, situados na região subcortical, indica que possuem uma utilidade; caso fossem desnecessárias não mais teriam centros nervosos responsáveis pela sua regulação.

Além disso, se existe um período da vida (o primeiro ano) em que ela é comportamento predominante, certamente ela deve ter uma função específica. É pois pela análise genética que deve ser buscada a compreensão dos significados da emoção.

No adulto, são menos frequentes as crises emotivas, como ataques de choro, birras, surtos de alegria, tão comuns ao cotidiano da criança. As emoções aparecem reduzidas, pois subordinadas ao controle das funções psíquicas superiores. Assim, ao enfocar as emoções na vida adulta, as teorias clássicas tendem a identificá-las com ação sobre o mundo exterior objetivo, enfatizando seus efeitos sobre os automatismos motores e a ação mental.

Ao dirigir o foco de sua análise para a criança, Wallon revela que é na ação sobre o meio humano, e não sobre o meio físico, que deve ser buscado o significado primeiro das emoções.

O primeiro ano de vida: papel das emoções nas interações com o meio social

Devido ao longo período de imperícia do recém-nascido da espécie humana, sua sobrevivência depende da ajuda de parceiros mais experientes. Sozinho, o bebê não é capaz nem mesmo de virar-se de uma posição incômoda, seus movimentos não se ajustam às circunstâncias exteriores e não têm eficiência objetiva. Sua primeira atividade eficaz é desencadear no outro reações de ajuda para satisfazer suas necessidades. Não há adulto que permaneça indiferente aos gritos ou às gesticulações de um recém-nascido.

Seus movimentos expressam disposições orgânicas, estados afetivos de bem-estar ou mal-estar. A vivência de situações desagradáveis, como fome, cólica ou desconforto postural expressa-se em espasmos, contorções, gritos. Diferentemente, o bem-estar decorrente de situações como a saciedade, o sabor do leite ou o contato com o seio da mãe expressa-se por uma movimentação menos tensa, mais harmoniosa: os olhos se abrem bem, os lábios esboçam um sorriso e, quando a satisfação é intensa, as pernas se mexem como se estivessem pedalando no vazio.

O meio das pessoas próximas (mãe, pai ou outro responsável) acolhe e interpreta as reações do bebê, agindo de acordo com o significado que atribui a elas: mudam-no de posição, dão-lhe de mamar, soltam-lhe as roupas. O *outro* age visando atender às necessidades do recém-nascido, mas também simplesmente para comunicar-se com ele: o adulto sorri, conversa com o bebê, canta para ele. Desenvolve-se, entre o bebê e o adulto que lhe cuida, uma intensa comunicação afetiva, um diálogo baseado em componentes corporais e expressivos.

Pouco a pouco o bebê vai estabelecendo correspondência entre seus atos e os do ambiente, suas reações diversificam-se e tornam-se cada vez mais claramente intencionais. Pela ação do outro, o movimento deixa de ser somente espasmo ou descargas impulsivas e passa a ser *expressão*, afetividade exteriorizada. O sorriso é uma reação que exprime bem esta transformação. No início o bebê sorri sozinho, sem motivo aparente, é um sorriso fisiológico. Em seguida passa a sorrir somente na presença de pessoas, num sorriso social. Já no segundo semestre de vida distingue-se, na atividade do bebê, a presença de emoções bem diferenciadas, como alegria, perplexidade, medo, cólera.

O substrato corporal das emoções

As emoções, assim como os sentimentos e os desejos, são manifestações da vida afetiva. Na linguagem comum costuma-se substituir emoção por afetividade, tratando os termos como sinônimos. Todavia, não o são. A afetividade é um conceito mais abrangente no qual se inserem várias manifestações.

As emoções possuem características específicas que as distinguem de outras manifestações da afetividade. São sempre acompanhadas de alterações orgânicas, como aceleração dos batimentos cardíacos, mudanças no ritmo da respiração, dificuldades na digestão, secura na boca. Além dessas variações no funcionamento neurovegetativo, perceptíveis para quem as vive, as emoções provocam alterações na mímica facial, na postura, na forma como são executados os gestos. Acompanham-se de modificações visíveis do exterior, *expressivas*, que são responsáveis por seu caráter altamente contagioso e por seu poder mobilizador do meio humano.

No bebê, os estados afetivos são, invariavelmente, vividos como sensações corporais, e expressos sob a forma de emoções. Com a aquisição da linguagem diversificam-se e ampliam-se os motivos dos estados afetivos, bem como os recursos para sua expressão. Tornam-se possíveis manifestações afetivas como os sentimentos, que, diferente das emoções, não implicam obrigatoriamente em alterações corporais visíveis. Ao longo do desenvolvimento, com o fortalecimento da linguagem, a afetividade vai adquirindo relativa independência dos fatores corporais. O recurso à fala e à representação mental faz com que variações nas disposições afetivas possam ser provocadas por situações abstratas e ideias, e possam ser expressas por palavras, imagens ou outras formas de representação.

É grande o destaque que a análise walloniana dá ao componente corporal das emoções. Wallon mostra que todas as emoções podem ser vinculadas à maneira como o *tônus* se forma, se conserva ou se consome. A cólera, por exemplo, vincula-se a um estado de hipertonia, no qual há excesso de excitação sobre as possibilidades de escoamento. A alegria resulta de um equilíbrio e de uma ação recíproca entre o tônus e o movimento, é uma emoção eutônica. Na timidez verifica-se hesitação na execução dos movimentos e incerteza na postura a adotar, há um estado de hipotonia. Com base nesta relação, resulta até mesmo uma classificação das emoções segundo o grau de tensão muscular a que se vinculam.

O fato de as emoções estarem sempre vinculadas a essas reações neurovegetativas e expressivas deve-se à existência de um substrato corporal comum, a *função postural* ou *tônica*. Ela é responsável pela regulação das alterações do tônus da musculatura dos órgãos internos (lisa) e da musculatura esquelética (estriada). A serviço da expressão das emoções, as variações tônico-posturais atuam também como produtoras de estados emocionais; entre movimento e emoção a relação é de reciprocidade.

No recém-nascido, permanentemente submetido a bruscas variações no grau de tensão muscular, é muito comum que estados emocionais tenham suas causas no plano corporal. Devido a sua imperícia motora, é incapaz de dar vazão a esta tensão por meio de ação sobre o meio físico. A forte tensão transforma-se, então, em contorções e espasmos, gerando crises emotivas.

Mesmo na atividade de crianças maiores podemos identificar essa dinâmica. Tomemos como exemplo as crises de choro sem motivo aparente, como aquelas típicas do final de um dia bem agitado. Cansada, mas muito excitada, a criança mostra-se irritada. Por um pretexto qualquer, faz uma bela birra, briga, até conseguir chorar. Passada a crise, constatamos que a criança está mais calma. Através do choro houve descarga da tensão que a impedia de relaxar.

Uma importante característica da função tônica é a concomitância entre as contrações e a sensibilidade a ela correspondentes, ou seja, a criança sente suas variações tônicas tão logo elas ocorrem. Assim, a modelagem do corpo realizada pela atividade do tônus muscular permite, além da exteriorização dos estados emocionais, a tomada de consciência dos mesmos pelo sujeito.

"As emoções podem ser consideradas, sem dúvida, como a origem da consciência, visto que exprimem e fixam para o próprio sujeito, através do jogo de atitudes determinadas, certas disposições específicas de sua sensibilidade. Porém, elas só serão o ponto de partida da consciência pessoal do sujeito por intermédio do grupo, no qual elas começam por fundi-lo e do qual receberá as fórmulas diferenciadas de ação e os instrumentos intelectuais, sem os quais lhe seria impossível efetuar as distinções e as classificações necessárias ao conhecimento das coisas e de si mesmo"[17].

Grupo social e atividade intelectual

Atividade eminentemente social, a emoção nutre-se do efeito que causa no outro, isto é, as reações que as emoções suscitam no ambiente funcionam como uma espécie de combustível para sua manifestação.

Pensemos em alguma cena para ilustrar esta ideia. Imaginemos que, por um motivo qualquer, alguém chega ao trabalho contente e dando risadas à toa. A pessoa entra na sala de reuniões e depara-se com um clima tenso, as pessoas brigando e muito irritadas. Desse confronto de emoções, dois resultados são pos-

---

17. WALLON, Henri. Conclusão geral do livro *Origens do caráter na criança*. In: NADEL-BRULFERT, J. & WEREBE, M.J.G. *Henri Wallon* (antologia). São Paulo: Ática, 1986, p. 64.

síveis. Ou a pessoa alegre é contagiada pela tensão do ambiente e para de rir ou, ao contrário, contagia o grupo com sua alegria.

Em situação de crise emocional (quando o sujeito mergulha-se completamente nos efeitos da emoção e perde o controle sobre suas próprias ações) a tendência é que os efeitos da emoção se desvaneçam caso não haja reações por parte do meio. Ou seja, na ausência de "plateia" as crises emocionais tendem a perder sua força.

Ao transpormos isso para a atividade infantil cotidiana, encontramos inúmeras situações que ilustram esta necessidade de "oxigênio social" típica das emoções. Pensemos no caso da criança que, imersa numa crise de choro, para de chorar tão logo se perceba sozinha: na ausência de plateia a reação emocional perde seu combustível, tende a se reduzir.

Devido a seu *poder de contágio*, as emoções propiciam relações interindividuais nas quais se diluem os contornos da personalidade de cada um. Esta tendência de fusão própria às emoções explica o estado de simbiose com o meio em que a criança se encontra no início do desenvolvimento. E explica também a facilidade pela qual a atmosfera emocional domina eventos que reúnem grande concentração de pessoas, como comícios, concertos de música, rituais religiosos, situações nas quais se apaga, em cada um, os contornos de sua individualidade.

Recorrendo a dados da antropologia, Wallon mostra como, nas sociedades ditas primitivas, o caráter contagioso e coletivo da emoção tem uma importância decisiva na coesão do grupo social. Revela-se no papel de destaque que têm, no cotidiano dessas sociedades, as cerimônias rituais.

Por meio de jogos, danças e outros ritos, as pessoas realizam simultaneamente os mesmos gestos e atitudes, entregam-se aos mesmos ritmos. A vivência, por todos os membros do grupo, de um único movimento rítmico estabelece uma comunhão de sensibilidade, uma sintonia afetiva que mergulha todos na mesma emoção. Os indivíduos se fundem no grupo por suas disposições mais íntimas, mais pessoais. Por esse mecanismo de contágio emocional estabelece-se uma comunhão imediata, um estado de coesão que independe de qualquer relação intelectual.

A importância dessas manifestações emocionais coletivas diminui conforme o grupo social disponha de outros recursos (técnicos e intelectuais) para garantir coesão e adaptação ao meio. Neste sentido, tanto para o recém-nascido como para as sociedades, as emoções aparecem como forma primeira de adaptação ao meio e tendem a ser suplantadas por outras formas de atividade psíquica.

Este é o caso das funções intelectuais, que na psicogênese vão adquirindo importância progressiva como forma de interação com o meio. A atividade intelectual, que tem a linguagem como um instrumento indispensável, depende do coletivo. Permitindo acesso à linguagem, podemos dizer que a emoção está na origem da atividade intelectual. Pelas interações sociais que propicia, as emoções possibilitam o acesso ao universo simbólico da cultura.

Porém, uma vez instaurada, a atividade intelectual manterá uma relação de antagonismo com as emoções. Este antagonismo, de observação corrente, demonstra a natureza paradoxal das emoções.

Na vida cotidiana é possível constatar que a elevação da temperatura emocional tende a baixar o desempenho intelectual e impedir a reflexão objetiva. O poder subjetivador das emoções (que volta a percepção do sujeito para suas disposições íntimas, orgânicas) incompatibiliza-se com a objetividade requisitada pelas operações intelectuais; é como se a emoção embaçasse a percepção do real, impregnando-lhe de subjetividade e portanto dificultando reações intelectuais coerentes e bem adaptadas. É o que ocorreu no exemplo do motorista que trombou o carro.

Analogamente, é possível constatar que a atividade intelectual voltada para a compreensão das causas de uma emoção reduz seus efeitos, uma crise emocional tende a se dissipar mediante atividade reflexiva. "A comoção do medo ou da cólera diminui quando o sujeito se esforça para definir-lhe as causas. Um sofrimento físico, que procuramos traduzir em imagens, perde algo de sua agudez orgânica. O sofrimento moral, que conseguimos relatar a nós mesmos, cessa de ser lancinante e intolerável. Fazer um poema ou um romance de sua dor era, para Goethe, um meio de furtar-se a ela"[18].

Assim, a relação entre emoção e razão é de filiação, e, ao mesmo tempo, de oposição. Na expressão de Dantas[19] "a razão nasce da emoção e vive da sua morte". Apesar desta oposição e tendência à interiorização ao longo do desenvolvimento, as emoções continuam, na vida adulta, um componente essencial das interações sociais, das operações do pensamento e das relações do sujeito com o mundo.

---

18. WALLON, Henri. A atividade proprioplástica. In: NADEL-BRULFERT, J. & WEREBE, M.J.G. *Henri Wallon* (antologia). São Paulo: Ática, 1986, p. 147.

19. DANTAS, Heloysa. *A infância da razão*. São Paulo: Manole, 1990.

Capítulo VI
Dimensões do movimento

São diversas as significações que a psicogenética walloniana atribui ao ato motor. Além do seu papel na relação com o mundo físico (motricidade de realização), o movimento tem um papel fundamental na afetividade e também na cognição. Um dos traços originais desta perspectiva teórica consiste na ênfase que dá à *motricidade expres*siva, isto é, à dimensão afetiva do movimento, em coerência com sua perspectiva sobre as emoções.

Para que se compreenda essa diversidade de significados é preciso que se admita que a atividade muscular pode existir sem que se dê deslocamento do corpo (de segmentos ou do todo) no espaço. Wallon vincula o estudo do movimento ao do músculo, responsável por sua realização. A musculatura possui duas funções: a *função cinética*, que regula o estiramento e o encurtamento das fibras musculares, e é responsável pelo movimento propriamente dito; e a *função postural* ou *tônica*, que regula a variação no grau de tensão (tônus) dos músculos.

Antes de agir diretamente sobre o meio físico, o movimento atua sobre o meio humano, mobilizando as pessoas por meio de seu teor expressivo. Podemos dizer que a primeira função do movimento no desenvolvimento infantil é afetiva. É só no final do primeiro ano, com o desenvolvimento das *praxias*, gestos como o de pegar, empurrar, abrir ou fechar, que se intensificam as possibilidades do movimento como instrumento de exploração do mundo físico, voltando a ação da criança para a adaptação à realidade objetiva. O desenvolvimento das primeiras praxias define o início da dimensão cognitiva do movimento.

Estabilidade postural e equilíbrio

As regulações tônicas são as responsáveis pela estabilidade dos gestos e pelo equilíbrio do corpo. Apesar de mais evidente no domínio da expressividade, como se vê pelo papel que desempenha nas emoções, a função tônica está em íntima relação com a motricidade cinética, isto é, com o movimento propriamente dito.

No movimento de corrida, por exemplo, é a função cinética que possibilita o deslocamento dos membros para determinada direção. Imprimindo uma força no sentido contrário, é a atividade tônica que dá estabilidade ao corpo. Na ausência de sustentação postural, o deslocamento de uma das pernas levaria, para sua direção, todo o resto do corpo, desestabilizando-o. O andar em ziguezague e tombos sucessivos típicos dos bêbados deixam bem evidentes as consequências de perturbações no fluxo tônico normal.

Todo movimento necessita de regulação do equilíbrio. Apesar de mais evidente na marcha, ou na corrida, é necessária também no deslocamento de segmentos corporais. O simples gesto de estender o braço e pegar um objeto sobre a mesa, com os dedos em pinça, exige uma variação do tônus imprimido aos músculos, permitindo que o gesto de preensão se sustente no espaço e o resto do corpo se mantenha numa postura adequada para o apoio.

Na imobilidade, situação em que inexiste atividade cinética, a atividade postural é intensa. Dela depende a sustentação do corpo numa dada posição. Em sua ausência, o corpo desabaria. O tônus deve variar permanentemente para garantir estabilidade das relações entre as forças corporais e as forças do mundo exterior, entre os movimentos e os objetos.

Origens motoras da atividade cognitiva

A função postural está ligada também à atividade intelectual. As variações tônicas refletem o curso do pensamento. Por exemplo, quando pensamos sobre um assunto ou lemos atentamente um texto, a reflexão pode ser acompanhada por mudanças nas nossas expressões faciais ou postura. Às vezes, uma dificuldade na compreensão de determinado assunto tratado no texto que lemos pode até provocar um espasmo, um movimento brusco.

Ao mesmo tempo, a função postural dá sustentação à atividade de reflexão mental. Entre ambas há uma relação de reciprocidade. Assim, quando, durante a leitura de um texto, confrontamo-nos com problemas difíceis de serem resolvidos, mudar de posição, levantar da cadeira ou andar um pouco são recursos que podem ajudar. Propiciam a superação do estado de estagnação e paralisia em que a mente parece entrar, é como se as variações tônicas desobstruíssem o fluxo mental.

A percepção também está intimamente ligada à função tônica. Por exemplo, para apurarmos o olfato para alguma substância ou para firmarmos melhor a vista em determinada cena, realizamos contrações e contorções faciais e corporais: o corpo inteiro adota a posição mais adequada para a percepção.

Na infância é ainda mais pronunciado o papel do movimento na percepção. A criança reage corporalmente aos estímulos exteriores, adotando posturas ou expressões, isto é, *atitudes*, de acordo com as sensações experimentadas em cada situação. É como se a excitação provocada se espalhasse pelo corpo, imprimindo-lhe determinada forma e consistência e resultando numa impregnação perceptiva, por meio da qual a criança vai tomando consciência das realidades externas. É por meio desta impregnação perceptiva que a criança torna-se capaz de reproduzir determinada cena após tê-la presenciado, ou seja, de imitar. Para Wallon, a *imitação* é uma forma de atividade que revela, de maneira incontestável, as origens motoras do ato mental.

É de observação corrente situações em que a criança recorre ao gesto para completar a expressão do seu pensamento. Para falar do tamanho de um objeto, como por exemplo sua cama, é comum dizer "minha cama, é assim, ó!" mostrando com os braços bem abertos como é grande sua cama. Muitas vezes, para tornar presente uma ideia, a criança precisa construir, por meio de seus gestos e posturas, um cenário corporal – o gesto precede a palavra. É o que Wallon chama de *mentalidade projetiva*: ainda frágil, o ato mental projeta-se em atos motores.

No faz de conta é possível compreender com mais clareza a origem corporal da representação. Por exemplo, a criança que dobra os braços como se estivesse carregando uma boneca e balança-o como se a estivesse ninando. Ou a criança que faz o gesto de pegar o sabão, de abrir a torneira, de esfregar e enxugar, como se estivesse dando banho em seu bichinho de estimação. Nessas situações, o movimento é capaz de tornar presente o objeto e de substituí-lo. Esses gestos simbólicos, chamados de *simulacro*, estão na origem da representação. Com o fortalecimento das funções intelectuais (do processo ideativo) reduz-se o papel do movimento na atividade cognitiva.

Ação sobre o mundo físico

Os progressos da atividade cognitiva fazem com que o movimento se integre à inteligência. A criança torna-se capaz de prever mentalmente a sequência e as etapas de atos motores cada vez mais complexos. Integrado pela inteligência, o ato motor sofre um processo de internalização. Esta possibilidade de virtualização resulta na redução da motricidade exterior.

O desenvolvimento da dimensão cognitiva do movimento torna a criança mais autônoma para agir sobre a realidade exterior. Diminui a dependência do adulto, que antes intermediava toda a ação da criança sobre o mundo físico.

No início globais e indiferenciados, os gestos instrumentais (praxias) sofrem um processo de crescente especialização. No ato de preensão, por exemplo, observamos uma grande evolução desde os primeiros gestos globais que se adaptam mal aos objetos, até ser possível o movimento de pinça, cada vez mais adequado às características do objeto.

A especialização é um processo estreitamente vinculado ao ambiente cultural, já que demanda o aprendizado do uso próprio (cultural) dos objetos. Mas depende também de exercício e maturação das funções nervosas, que permitem reduzir as *sincinesias*, movimentos desnecessários que "parasitam" uma praxia, perturbando sua realização adaptada.

É gradual o processo pelo qual os atos motores se ajustam ao espaço e às situações exteriores. Algumas cenas cotidianas ilustram a forma pela qual as crianças se relacionam com os objetos.

Durante a refeição é comum que a criança, mesmo sabendo se alimentar sozinha com competência, use o talher para finalidades outras que não somente a de levar comida à boca. Em sua mão, uma caneta não serve só para desenhar, mas também para cutucar o vizinho, para fazer um batuque sobre a mesa, para voar como se fosse um aviãozinho, e muitas outras finalidades lúdicas. Usa os objetos como instrumento para sua comunicação expressiva e para o exercício de sua imaginação.

A tendência que se observa no desenvolvimento dos gestos é sua progressiva objetivação. No entanto, o caráter expressivo, isto é, subjetivo, mantém-se predominante na motricidade infantil.

Cabe ressalvar que, mesmo no adulto, todo gesto práxico – de função eminentemente executora e voltada para a realidade física – tem sempre um teor expressivo, presente na maneira como é realizado. As variações na realização de um mesmo movimento – que pode ser brusco, harmônico, vacilante, decidido – resultam de alterações da atividade tônica, responsável pela dimensão expressiva dos gestos e movimentos.

A gestualidade expressiva que resiste ao processo de objetivação crescente por que passa o movimento depende do ambiente cultural. Do amplo repertório gestual da criança, tendem a desaparecer gestos que não correspondem a uma prática social, ou seja, aqueles habitualmente não utilizados pelos adultos.

Para ficar mais clara esta ideia, tomemos o exemplo simplificado das culturas italiana e japonesa, consideradas bem distintas do ponto de vista do uso que fazem da gestualidade expressiva. Sobre os italianos diz-se que "falam com as mãos". De fato, gesticulam muito enquanto falam e até podemos dizer que gesticulam para falar, de tal forma o fluxo das ideias parece depender do movimento das mãos e do corpo. Já os japoneses pouco recorrem à gestualidade expressiva enquanto falam, quase não mexem as mãos ou o corpo, sua expressão verbal parece mais independente do movimento. Cada cultura possui especificidades distintas no processo de objetivação e internalização do movimento.

Controle do movimento

A redução da motricidade exterior e o ajustamento progressivo do movimento ao mundo físico está ligada também à possibilidade de controle voluntário sobre o ato motor. Wallon chama de *disciplinas mentais* a capacidade de controle do sujeito sobre suas próprias ações. Essa capacidade está ligada ao amadurecimento dos centros de inibição e discriminação situados no córtex cerebral, que se dá por volta dos seis, sete anos. Antes dessa idade, a possibilidade de a criança controlar voluntariamente suas ações é pequena. Isso se reflete, por exemplo, na dificuldade em permanecer numa mesma posição ou fixar a atenção sobre um foco.

A criança tende a reagir indiscriminadamente aos estímulos exteriores, sua atividade é marcada pela *instabilidade*. São comuns também as situações em que se encontra totalmente absorta por alguma cena ou pela realização de alguma atividade, num estado de alheamento aos demais estímulos. Esta "aderência" da ação a determinados temas é chamada de *perseveração* e, tal como a instabilidade, evidencia a fragilidade das condutas voluntárias, é o estímulo externo que controla o sujeito.

Com o fortalecimento das condutas voluntárias o sujeito adquire condições de comandar o estímulo, escolhendo o foco de sua atenção ou o sentido de sua ação motora. Assim a criança torna-se mais capaz de se desligar de suas reações espontâneas, imediatas, e de postergar sua ação, realizando atividades que demandam planejamento.

As dificuldades da criança em permanecer parada e concentrada como a escola exige testemunham que a consolidação das disciplinas mentais é um processo lento e gradual, que depende não só de condições neurológicas, mas também está estreitamente ligada a fatores de origem social, como desenvolvimento da linguagem e aquisição de conhecimento. Assim, a escola tem um importante papel na consolidação das disciplinas mentais.

Capítulo VII
Pensamento, linguagem e conhecimento

Segundo Wallon, a linguagem é o instrumento e o suporte indispensável aos progressos do pensamento. Entre pensamento e linguagem existe uma relação de reciprocidade: a linguagem exprime o pensamento, ao mesmo tempo que age como estruturadora dele. Conferindo grande importância ao binômio pensamento-linguagem, Wallon elegeu, como objeto privilegiado de seu estudo sobre a inteligência, o pensamento discursivo (verbal).

É muito grande o impacto da linguagem sobre o desenvolvimento do pensamento e da atividade global da criança. Com a posse desse instrumento, a criança deixa de reagir somente àquilo que se impõe concretamente a sua percepção; descolando-se das ocupações ou solicitações do instante presente, sua atividade passa a comportar adiamentos, reservas para o futuro, projetos. A aquisição da linguagem representa, assim, uma mudança radical na forma de a criança se relacionar com o mundo.

Estudos comparativos no campo da psicologia animal mostram como, a partir do momento em que a criança começa a falar, suas condutas se diferenciam rapidamente das do chimpanzé. O animal, desprovido de linguagem, é incapaz de evocar elementos que não sejam dados pela situação presente. Restrito ao espaço atual, resolve os problemas colocados pelos experimentos com base numa inteligência prática, sensório-motora.

A linguagem, ao substituir a coisa, oferece à representação mental o meio de evocar objetos ausentes e de confrontá-los entre si. Os objetos e situações concretos passam a ter equivalentes em imagens e símbolos, podendo, assim, ser operados no plano mental de forma cada vez mais desvinculada da experiência pessoal e imediata.

A dinâmica do pensamento infantil

A investigação de Wallon sobre o pensamento infantil teve por base a análise de entrevistas realizadas com crianças entre os 5 e os 9 anos. Apoiou-se, portanto, nas manifestações verbais do pensamento, instrumento mais adequado quando o objeto é o pensamento discursivo. Solicitava que as crianças falassem sobre coisas presentes em sua vivência cotidiana, como chuva, vento, fogo, dia, noite. Os diálogos nos quais funda sua análise estão no livro *Origens do pensamento na criança*. Transcrevemos, a título de exemplo, um diálogo estabelecido com uma criança de sete anos.

"O que é de noite?[20]... O que quer dizer está de noite? – *Que está de noite.* – Quando está de noite, o que é que acontece? – *Fica mais escuro.* – E por que fica mais escuro? – *É de noite.* – Mas por que fica escuro de noite? – *A gente dorme*".

No encaminhamento dado às entrevistas, Wallon procurava levar o pensamento aos seus limites para que, em situação de dificuldade, pudessem ser percebidas suas contradições e seus mecanismos próprios. Em sua análise, busca entender

---

20. A fala do psicólogo aparece em tipo normal e a da criança em itálico.

suas peculiaridades e funcionamento, bem como suas insuficiências diante do conhecimento objetivo.

Por mais fragmentário que possa parecer o pensamento infantil, está longe de ser totalmente inorganizado. É regido por uma dinâmica binária, que compõe em pares os objetos mentais. O *par* é a estrutura elementar do pensamento infantil. Esta ideia da dualidade como anterior à unidade contraria os postulados da teoria associacionista, segundo os quais o fluxo do pensamento se forma a partir da associação de unidades originalmente distintas. Opondo-se à ideia associacionista, Wallon aplica às noções intelectuais o que Koffka descobriu sobre as cores, isto é, que, no início, só são reconhecidas por contraste (duas a duas). A unidade é vista, então, como resultado de um processo de diferenciação, sendo uma molécula, e não um átomo, a estrutura elementar.

Na fala, os pares aparecem cercados por palavras acessórias, mas é possível identificá-los como eixo que norteia o discurso. Para melhor compreender este conceito, façamos um exercício de identificação no diálogo transcrito a seguir.

"O que é a chuva" – *A chuva é o vento* – Então chuva e vento são a mesma coisa? – *Não.* – O que é a chuva? – *A chuva é quando tem trovão.* – E o vento, o que é? – *É chuva.* – Então é a mesma coisa? – *Não, não é igual.* – O que não é igual? – *O vento.* – O que é o vento? – *É o céu*".

Como se vê, os pares que compõem o discurso interagem: chuva-vento, chuva-trovão, vento-chuva, vento-céu, numa relação que oscila. A criança assimila chuva a vento, depois nega que sejam a mesma coisa, e em seguida volta a identificá-los. Passa da identificação à diferenciação sem lógica aparente.

Na dinâmica própria aos pares, os termos se associam independentemente de sua significação objetiva. Podem associar-se por critérios afetivos ou sob a influência de aspectos sensório-motores da linguagem, como analogias fonéticas e assonâncias. A criança pode associar uma ideia à outra mais pela sonoridade das palavras do que por uma coerência de sentido entre as ideias ou delas com o contexto da frase. São frequentes as situações em que é a palavra, com suas qualidades sonoras ou semânticas, que impele o pensamento. Vejamos como isto ocorre através de um outro diálogo analisado por Wallon.

A conversa foi com uma criança de cinco anos. Falavam sobre o vento e o menino diz que são as portas abertas (em francês, "portes ouvertes") que fazem o vento. Tentando checar seu argumento, o psicólogo lhe pergunta: "Quando estamos na rua há portas abertas?" O menino responde: *"tem portas verdes* (em francês, "portes vertes"), *amarelas e cinzas".* Devido à semelhança de sonoridade dos termos na língua original ("portes ouvertes" – "portes vertes"), a criança associa portas abertas a portas verdes, desviando completamente o assunto inicial da conversa.

A prevalência da sonoridade sobre o significado das palavras está presente, de forma intencional, na poesia. Muitos poetas utilizam-na como recurso expressivo. Neste sentido, podemos reconhecer uma dimensão poética na linguagem infantil. O gosto da criança por parlendas, versinhos ou jogos de linguagem típicos da infância atesta seu interesse pela linguagem poética, o qual provavelmente advém das semelhanças entre o funcionamento de seu pensamento e os recursos da poesia.

Pensamento sincrético

Wallon identifica o sincretismo como a principal característica do pensamento infantil. Usual na psicologia, o adjetivo *sincrético* costuma designar o caráter confuso e global do pensamento e percepção infantis. Segundo nosso autor, esta globalidade está presente em vários aspectos da atividade mental, que percebe e representa a realidade de forma *indiferenciada*. No pensamento sincrético encontram-se misturados aspectos fundamentais, como o sujeito e o objeto pensado, os objetos entre si, os vários planos do conhecimento, ou seja, noções e processos fundamentais de cuja diferenciação dependem os progressos da inteligência. No sincretismo, tudo pode se ligar a tudo, as representações do real (ideias, imagens) se combinam das formas mais variadas e inusitadas, numa dinâmica que mais se aproxima das associações livres da poesia do que da lógica formal.

Fabulação, contradição, tautologia e elisão são alguns dos fenômenos típicos do pensamento sincrético, minuciosamente descritos na análise walloniana.

Como ilustração, tomemos as noções de *fabulação* e *tautologia*, observando como aparecem numa conversa que estabelecemos com Fernando, sete anos e meio.

Cheio de empolgação, o menino narra uma história que trata de uns animais que se comunicavam por telepatia. Com curiosidade para saber o que ele entendia por telepatia, pedimos que explicasse o conceito.

"Você sabe o que é telepatia? – *É um bicho que, vem a telepatia pro cérebro dele, ele solta a telepatia pros outros, mas eles não falam, eles pensam no cérebro.* – Então telepatia é um bicho? – *É*".

A definição que dá de telepatia é tautológica, pois define o termo pela repetição do mesmo – *telepatia* é um bicho que tem *telepatia*. É, ao mesmo tempo, fabulatória. Ou seja, diante de seu desconhecimento objetivo quanto ao significado do conceito, inventa uma explicação original – um bicho como vetor da telepatia – num procedimento de fabulação.

Tomemos outra situação para ilustrar o fenômeno de *elisão*. Conversávamos com Rosa, sete anos, sobre seu universo cotidiano. Contou-nos que morava longe da escola e que sua mãe trabalhava como empregada doméstica numa casa próxima à escola. Percebendo que gostava de falar sobre a mãe e seu trabalho, exploramos mais o assunto:

"O que é trabalho? – *Trabalho? – Trabalho é uma pessoa que é empregada e tem bagunça.* – E o que ela faz? – *O que ela faz?* * *Tem dois cachorros, a cachorra... a cachorra é mulher, e ganhou dois nenês, dois filhotinhos, que chamava Tetê e a outra Nina, aí depois, ainda tá com o mesmo nome. Ainda tá latindo, já tá mordendo.* – Todo trabalho é igual o trabalho da sua mãe? – *É.* – Todo mundo que trabalha arruma bagunça? – *Arruma bagunça*".

Uma das impressões que dá a sua fala é a de que faltam pedaços. No trecho marcado pelo sinal * é elidida a informação de que a mãe arruma a bagunça da casa e cuida dos cachorros. A lembrança dos cachorros, tema carregado afetivamente, prevaleceu sobre a necessidade lógica de dar sequência à ideia anterior. Resulta numa fala confusa, em que a única coisa clara é seu entusiasmo pelos cachorros recém-nascidos.

Este diálogo ilustra a *prevalência de critérios afetivos*, sobre os lógicos e objetivos, na seleção dos temas com que se ocupa a atividade mental. Esta impregnação afetiva, outra importante característica do sincretismo, faz-se presente também nas definições e explicações do real. Por isso, para definir *trabalho*, Rosa refere-se à atividade da sua mãe, recorrendo ao significado que a noção *trabalho* possui na sua experiência pessoal.

Essa impregnação de subjetividade advém das origens afetivas da atividade cognitiva. Até que a inteligência se diferencie da afetividade, tende a representar os objetos e situações como um conglomerado em que se misturam os motivos afetivos e objetivos de suas experiências. Desta mistura podem resultar relações que têm um sentido só para a própria criança e que ao adulto parecem totalmente absurdas.

O processo de simbolização é decisivo para que o pensamento atinja uma representação mais objetiva da realidade, pois substitui as referências pessoais por signos convencionais, referências mais objetivas. A distinção entre sujeito e objeto é uma tarefa fundamental à evolução do pensamento e inclui-se numa série de *diferenciaç*ões que a inteligência deverá realizar ao longo de seu desenvolvimento.

Pensamento categorial

É no estágio categorial que se intensifica a realização das *diferenciações* necessárias à redução do sincretismo do pensamento. No estágio personalista, a realização de diferenciações no plano da pessoa leva à redução do sincretismo na personalidade. Nesse sentido, possibilita ao estágio categorial a redução do sincretismo do pensamento, a qual corresponde, em última instância, à diferenciação *eu-outro* no plano do conhecimento.

Ao longo deste estágio consolida-se a *função categorial*. Trata-se da capacidade de formar categorias, ou seja, de organizar o real em séries, classes, apoiadas sobre um fundo simbólico estável. É uma função de diferenciação que favorece a objetivação do real. "Objetivar o real é pensá-lo em potencial ou sob forma categorial, isto é, em sua eventual diversidade, o que tem o duplo efeito de tornar possíveis o controle das coisas e o ajustamento gradativo do pensamento à realidade destas"[21].

---

21. WALLON, Henri. *Les origines de la pensée chez l'enfant*. Paris: PUF, 1989, p. 752.

A formação de categorias supõe a separação entre qualidade e coisa. No sincretismo verifica-se uma aderência entre essas duas noções; a qualidade é percebida como atributo exclusivo da coisa à qual se liga.

Vejamos esse fenômeno numa conversa entre crianças de 3 anos de idade, numa classe de pré-escola. O assunto da conversa é a família, mais especificamente a mãe de cada um. Tão logo Júlio escuta Adriano dizer o nome de sua mãe, interrompe-o e, indignado, contesta: "É a minha mãe que é Eliana". Júlio não admitiu a hipótese de haver outra mãe com o mesmo nome da sua, pois percebia o nome Eliana como atributo exclusivo de sua própria mãe: objeto e qualidade tratados como uma coisa só.

Para a formação de categorias gerais abstratas, é preciso que os atributos e as circunstâncias sejam percebidos como independentes dos objetos, podendo ser recombinado a outros objetos. Realizando a separação entre qualidade e coisa, a função categorial permite a análise e a síntese, a generalização, a comparação. Em consequência da distinção entre sujeito e objeto pensado e entre qualidade e coisa, a função categorial permite a diferenciação dos objetos entre si e das tarefas essenciais do conhecimento.

O advento orgânico que marca o início do estágio categorial é o amadurecimento dos *centros de inibição e discriminação*. São essas as funções nervosas que estão por trás da consolidação das *disciplinas mentais*, capacidade da qual depende o controle voluntário dos movimentos. Além de relacionados à redução da instabilidade e perseveração no plano motor, as funções de discriminação e inibição desempenham importante papel na redução do sincretismo.

Afinal, enquanto forem frágeis essas funções, é difícil para a atividade mental inibir temas revestidos de forte carga afetiva em favor de temas propostos do exterior, ou discriminar temas "parasitas" que se inserem indevidamente no fluxo mental (devido a fatores como analogias fonéticas ou assonâncias) e inibi-los em favor dos temas que norteavam anteriormente o discurso. Em virtude da insuficiência da capacidade discriminadora, os objetos do pensamento, precariamente delimitados, contaminam-se uns aos outros, acarretando confusões de significado ou desvio de assunto.

Além de suas condições orgânicas, este processo de discriminação dos conteúdos mentais e inibição dos temas inoportunos depende estreitamente de fatores de origem social, como a linguagem e o conhecimento. Os instrumentos simbólicos – palavras, imagens, ou outros signos – funcionam como referências fixas que permitem distinguir a fração oportuna dos excitantes dispersivos que vêm do ambiente, confrontar às impressões presentes objetos ausentes, possibilitando que o pensamento se proteja de contaminações e desvios.

Ao interagir com o conhecimento formal, o pensamento se apropria das diferenciações já feitas pela cultura, as quais contribuem para a realização das diferenciações que devem ser realizadas pelo próprio indivíduo. A redução do sincretismo e a consolidação da função categorial são processos em estreita dependência do meio cultural.

Superar obstáculos que dificultam a compreensão objetiva da realidade não é tarefa exclusiva ao pensamento infantil. É uma tarefa constante do próprio pensamento científico, desde a origem e até hoje às voltas com a superação de contradições que obscureçam a compreensão da realidade. Nesse plano da razão histórica, vê-se que as categorias de pensamento vigentes são periodicamente submetidas a reformulações, sendo o progresso intelectual resultado de conflitos e não de pacífica acumulação. No plano individual, o conflito também aparece como combustível para o progresso do pensamento. Conflito entre as aptidões intelectuais da criança e as tarefas que o meio lhe impõe, entre os seus recursos e a estrutura das coisas.

Se, por um lado, o sincretismo constitui-se num obstáculo para o conhecimento objetivo do real, por outro, há terrenos da atividade humana em que ele é, ao contrário, um recurso muito fecundo. É o caso da criação artística, processo que tem semelhanças com o funcionamento do pensamento sincrético (livre associação, analogias, predominância dos aspectos sensório--motores e afetivos sobre a conotação objetiva das palavras). Para o desenvolvimento do indivíduo nesse território, ao invés de ser reduzido, o sincretismo deve ser resgatado.

Mesmo no pensamento racional, ou no conhecimento científico, é possível assinalar aspectos positivos ao sincretismo: ao misturar e confundir ideias, possibilita o surgimento de relações inéditas. Necessário ao ato criador, o sincretismo é essencial à invenção verdadeiramente nova.

Capítulo VIII
Educação: entre o indivíduo e a sociedade

Devido ao seu objeto e à sua abordagem, a psicologia genética de Wallon traz um campo vasto de implicações educacionais. A opção por estudar o desenvolvimento da pessoa completa e de basear este estudo numa perspectiva dialética faz com que sua teoria, abrangente e dinâmica, sirva a múltiplas leituras por parte de quem procura, nela, subsídios para a reflexão pedagógica. Tratando de temas como emoção, movimento, formação da personalidade, linguagem, pensamento e tantos outros, fornece valioso material para a adequação da prática pedagógica ao desenvolvimento da criança.

Além das implicações educacionais decorrentes das leituras que se faça de sua psicogenética, Wallon tratou de explicitar, ele próprio, interessantes considerações acerca da educação. A maior parte dessas ideias encontra-se desenvolvida em artigos especialmente destinados a temas pedagógicos. Reforma da universidade, doutrinas da Escola Nova, orientação vocacional e o papel do psicólogo escolar, formação de professor, interação entre alunos e problemas de comportamentos são alguns dos assuntos tratados em seus artigos mais propriamente pedagógicos.

De um polo a outro

Das ideias pedagógicas explicitadas por Wallon, destaca-se a que se refere à necessidade de superação da dicotomia entre indivíduo e sociedade subjacente à maior parte dos sistemas de ensino. Segundo nosso autor, estes costumam oscilar contraditoriamente entre um e outro polo da antinomia. A educação tradicional, tendo por objetivo transmitir aos alunos a herança dos antepassados e assegurar-lhe o domínio de ideias e costumes que lhe permitiriam melhor se adaptar à sociedade tal como é estabelecida, prioriza a ação dos adultos sobre a juventude e acena com a perpetuação da ordem social. Por outro lado, o movimento da Escola Nova, ao buscar romper com a opressão do indivíduo pela sociedade, acabou por desprezar as dimensões sociais da educação, preconizando o individualismo.

Wallon identifica na pedagogia de Rousseau uma das primeiras expressões desta dicotomia entre indivíduo e sociedade, no campo educacional. Vendo o indivíduo como naturalmente bom e a sociedade como responsável pela corrupção desta bondade essencial, Rousseau propõe, no "Émile", que o indivíduo seja educado fora da sociedade, para que possa atingir plenamente suas potencialidades individuais e desenvolver-se segundo sua natureza. Somente depois de formada sua personalidade é que poderia se dar a inserção do indivíduo na sociedade.

A ideia de uma personalidade que se forma isolada da sociedade é inconcebível para a perspectiva walloniana, segundo a qual é na interação e no confronto com o outro que se forma o indivíduo. Wallon considera, portanto, que a educação deve, obrigatoriamente, integrar, à sua prática e aos seus objetivos, essas duas dimensões, a social e a individual:

deve, portanto, atender simultaneamente à formação do indivíduo e à da sociedade.

As ideias de Rousseau quanto a uma educação ativa, concreta e adequada ao desenvolvimento da criança serviram como fonte de inspiração para as doutrinas da Escola Nova. Em suas críticas ao ensino vigente na época, os partidários deste movimento de renovação pedagógica alertavam que a excessiva rigidez dos programas, o ensino puramente livresco e o autoritarismo na relação professor-aluno dos métodos tradicionais colocam a criança numa posição de passividade, impedem suas livres investigações sobre o mundo e suas interações sociais, abafando sua espontaneidade e curiosidade natural.

Wallon endossava essas críticas, mas discordava da atitude de oposição em que se colocavam os precursores da Escola Nova: ao tentar resgatar o valor do indivíduo, simplesmente invertiam os princípios e práticas do ensino tradicional. Contrapondo-se ao autoritarismo do ensino tradicional, os escolanovistas defendiam a condução do ensino pelo interesse da criança, como se sua natureza fosse, por si só, capaz de todo desenvolvimento e como se qualquer intervenção do adulto fosse prejudicial. Questionando o caráter demasiado livresco do ensino clássico, postulavam a necessidade de ação concreta da criança, como se ela pudesse aprender tudo pelos órgãos dos sentidos. Valorizando a atividade da criança em sua espontaneidade, acabavam por anular a necessidade do ensino sistematizado e da intervenção do professor. Buscando instaurar o respeito pelo indivíduo e acabar com a opressão exercida pela sociedade, a Escola Nova ignorava as dimensões sociais da educação, e preconizava o individualismo. Inspirados na atitude oposicional de Rousseau deixavam sem solução a dicotomia entre indivíduo e sociedade.

O que chama a atenção nesta avaliação crítica de Wallon é sua atualidade. Ainda hoje continuamos oscilando entre esses dois polos. Numa luta permanente pela atualização e aperfeiçoamento das práticas pedagógicas, continuamos nos debatendo contra o autoritarismo das concepções tradicionais, infelizmente ainda predominantes no cenário educacional. Neste combate, mantém-se no nosso horizonte o risco de espontaneísmo que Wallon atribui à Escola Nova. No cenário atual, é comum que, em nome do respeito aos interesses e necessidades do aluno, negue-se a importância do ensino sistematizado e anulem-se as possibilidades de intervenção do professor, transformado num mero espectador do desenvolvimento da criança.

A superação do dilema entre o autoritarismo dos métodos tradicionais e o espontaneísmo das práticas que se pretendem renovadas demanda um raciocínio dialético, que enxergue as complexas relações de determinação recíproca que existem entre indivíduo e sociedade.

Dimensões político-sociais da educação

A solução para esse impasse não se atinge somente com uma discussão acerca de métodos pedagógicos. Demanda uma reflexão sobre o papel político da escola na sociedade.

Aliás, Wallon considera que a priorização da discussão metodológica em detrimento da reflexão sobre as dimensões sociais da educação foi outro fator responsável pelo individualismo implicado nas propostas da Escola Nova.

Segundo Wallon, entre o regime político de determinada sociedade e o sistema educacional nela vigente a relação não é de mera casualidade. Mesmo que não seja colocada explicitamente, a educação tem sempre um papel político.

Numa reflexão sobre os regimes fascistas, Wallon mostra como seus dirigentes estavam cientes da força política da educação. Valorizando fatores como o sangue e a raça, a educação fascista buscava manter os indivíduos em sintonia com seu lado mais instintivo e primitivo. À exaltação desses aspectos somava-se a limitação dos recursos da inteligência, da qual denunciavam as consequências perniciosas. Assim formados, os indivíduos ficariam mais suscetíveis de mergulhar na retórica contagiante dos líderes políticos e de aderir às suas ideias fascistas.

Eram veementes as críticas de Wallon à seletividade do sistema de ensino francês que reservava, aos alunos provenientes de camadas sociais favorecidas, uma longa carreira de estudos que teria por fim o ensino superior e aos provenientes de meios desfavorecidos impunha uma curta carreira até o ensino técnico ou profissionalizante. Por trás desta seletividade, nosso autor identificava a ação de uma elite esforçando-se por se manter como classe dirigente e o projeto de uma sociedade capitalista competitiva e individualista.

Se os regimes políticos prolongam seus objetivos à educação, esta deve, por sua parte, apropriar-se de seu papel político. Para isso é preciso ter claro o projeto de sociedade que se quer. No caso de Wallon, a opção é clara por uma sociedade socialista, caracterizada pela democracia e justiça social.

Esta dimensão político-social da educação fica bem explícita no Projeto Langevin-Wallon. Elaborado por pessoas comprometidas com a reconstrução da sociedade, abalada física e moralmente pela guerra, o projeto destaca a responsabilidade da educação neste processo. Propunha a realização de mudanças profundas no ensino, visando acabar com a perversa seletividade do sistema. Organiza todos os âmbitos do sistema de ensino (administrativo, curricular, metodológico) em torno do princípio de justiça social e os apoia sobre o conhecimento científico do ser humano em desenvolvimento, sobre a psicogênese.

Propunha o atendimento simultâneo das aptidões individuais e das necessidades sociais, baseado na ideia de que o aproveitamento mais adequado das competências de cada um se dá em benefício do indivíduo e da sociedade, assim como a melhor distribuição das tarefas sociais serve ao interesse coletivo e à realização individual. Para a descoberta dos gostos e preferências individuais previa um trabalho de orientação vocacional, a ser realizado pelo psicólogo escolar.

Ao lado das orientações estritamente pedagógicas, o projeto previa medidas de natureza financeira para assegurar a todos os indivíduos o pleno desenvolvimento de suas potencialidades independentemente de sua origem social. Além da gratuidade do ensino, já vigente, incluiam a implantação de um regime de remuneração ao estudante.

Ciente de que não pode alcançar a justiça social somente com mudanças no sistema educacional, o texto do projeto alerta para a necessidade de mudanças na maneira de a sociedade encarar as várias tarefas sociais. Muito embora a discussão sobre a valorização social das profissões fuja do âmbito estrito de atuação da escola, pois envolve fatores que estão fora do seu controle, deveria estar presente na reflexão educacional, como exigência da fundamental integração que deve existir entre escola e sociedade.

Na utopia educacional representada por este projeto de reforma do sistema de ensino francês do pós-guerra, Wallon, Langevin e os demais colaboradores desenham também a utopia de uma sociedade.

Capítulo IX
Uma educação da pessoa completa

Ao fornecer informações e explicações acerca das características da atividade da criança nas várias fases de seu desenvolvimento, a psicologia genética constitui-se numa valiosa ferramenta para a educação. Possibilita uma maior adequação dos objetivos e métodos pedagógicos às possibilidades e necessidades infantis, favorecendo uma prática de melhor qualidade, tanto em seus resultados como em seu processo.

Tendo por objeto a psicogênese da pessoa concreta, a teoria walloniana, se utilizada como instrumento para a reflexão pedagógica, suscita uma prática que atenda as necessidades da criança nos planos afetivo, cognitivo e motor e que promova o seu desenvolvimento em todos esses níveis.

Sob a inspiração desta perspectiva ampliam-se as vias para compreendermos o significado das condutas infantis e das interações que estabelece com o meio: à sua fala e ações somam-se a postura, o jeito de caminhar, a maneira de executar os gestos e as expressões faciais. "A ótica walloniana constrói uma criança corpórea, concreta, cuja eficiência postural, tonicidade muscular, qualidade expressiva e plástica dos gestos informam sobre os seus estados íntimos. O olhar se dirige demoradamente para a sua exterioridade postural, aproveitando todos os indícios. Supõe-se que a sua instabilidade postural se reflete nas suas disposições mentais, que a sua tonicidade muscular dá importantes informações sobre seus estados efetivos"[22].

Ao contrário do que propõe a tradição intelectualista do ensino, uma pedagogia inspirada na psicogenética walloniana não considera o desenvolvimento intelectual como a meta máxima e exclusiva da educação. Considera-a, ao contrário, meio para a meta maior do desenvolvimento da pessoa, afinal, a inteligência tem *status* de parte no todo constituído pela pessoa.

Os progressos da inteligência se dão no sentido de uma compreensão global e subjetiva do real para uma compreensão mais diferenciada e objetiva. Neste percurso, em que o sincretismo dá lugar ao pensamento categorial, não é só a inteligência que se beneficia, mas é a pessoa como um todo. Os recursos intelectuais enriquecem as possibilidades do *eu*, ampliando-o e flexibilizando-o. Se é possível delinear uma escala para o desenvolvimento da pessoa, o grau mais elevado corresponderia a um estado de máxima diferenciação, em que é tanto mais clara a fronteira entre o *eu* e o *outro* e mais exatas as distinções que o sujeito opera entre as nuances e a complexidade do real.

A interdependência que a teoria identifica entre desenvolvimento intelectual e conhecimento inspira uma pedagogia em que os conteúdos de ensino têm um papel importante. "Ciente de que os progressos do pensamento se devem em grande parte ao crescente domínio do sistema semiótico e que a capacidade de diferenciação é poderosamente auxiliada pela apropriação das diferenciações elaboradas pela cultura e cristalizadas nos sistemas simbólicos, particularmente no código linguístico, a linguagem, a pedagogia walloniana não se furta a transmitir conteúdos. A diferenciação conceitual que (a criança) faz, ou a

---

22. DANTAS, Heloysa. *A infância da razão*: uma introdução à psicologia da inteligência de Henri Wallon. São Paulo: Manole, 1990, p. 29.

que capta, já realizada, na língua, são ambas aceitáveis. O uso preciso e ordenado das palavras é entendido como manifestação de eficiência e rigor do próprio processo mental. Longe de desprezar a aprendizagem linguística, ela a considera um poderoso auxiliar no progresso do pensamento"[23].

Da psicogenética walloniana não resulta, todavia, uma pedagogia meramente conteudista, limitada a propiciar a passiva incorporação de elementos da cultura pelo sujeito. Resulta, ao contrário, uma prática em que a dimensão estética da realidade é valorizada e a expressividade do sujeito ocupa lugar de destaque. Afinal, o processo de construção da personalidade que, em diferentes graus, percorre toda a psicogênese, traz como necessidade fundamental a *expressão* do *eu*. Expressar-se significa exteriorizar-se, colocar-se em confronto com o outro, organizar-se. Na escola, este movimento de exteriorização do *eu* pode ser propiciado por atividades no campo da arte, campo que favorece a expressão de estados e vivências subjetivas.

Como vimos no estágio personalista, onde se alternam condutas de oposição e de imitação, a pessoa constrói-se por um duplo movimento de *expulsão* e *incorporação*. Visando a autoconstrução do sujeito, a escola deve acompanhar esse duplo movimento, o que implica oferecer oportunidades de *aquisição* e de *expressão*, nas quais se alterne a predominância das dimensões objetiva e subjetiva. Em termos curriculares, essa busca se reflete na integração entre a arte e a ciência.

Organização do ambiente escolar

É grande a importância que a psicogenética walloniana atribui ao *meio* no desenvolvimento infantil. Nesta teoria, o

---

23. Id., ibid., p. 30.

conceito de *meio* inclui a dimensão das relações humanas, a dos objetos físicos e a dos objetos de conhecimento, todas elas inseridas no contexto das culturas específicas.

O *meio* é o campo sobre o qual a criança aplica as condutas de que dispõe, ao mesmo tempo, é dele que retira os recursos para sua ação. Com o desenvolvimento ampliam-se as possibilidades de acesso da criança às várias dimensões do *meio*. No início, ela age diretamente sobre o meio humano e é por intermédio deste que tem acesso às outras dimensões de seu contexto social. Com os progressos no campo da motricidade práxica, ganha autonomia para agir diretamente sobre o mundo dos objetos e, com a aquisição da linguagem (oral e depois escrita), adquire recursos cada vez mais sofisticados para interagir com o conjunto de técnicas e conhecimentos de sua cultura. Cada etapa do desenvolvimento define um tipo de relação particular da criança com seu ambiente, o que implica dizer que a cada idade é diferente o *meio* da criança.

Transpondo esta reflexão para a escola percebemos a necessidade de se planejar a estruturação do ambiente escolar. Se for estruturado adequadamente, pode desempenhar um decisivo papel na promoção do desenvolvimento infantil. Para planejar essa estruturação somos, mais uma vez, obrigados a ampliar o raio de abrangência da reflexão pedagógica.

Em termos práticos, isso significa que o planejamento das atividades escolares não deve se restringir somente à seleção de seus temas, isto é, do conteúdo de ensino, mas necessita atingir as várias dimensões que compõem o *meio*.

Deve incluir uma reflexão acerca do espaço em que será realizada a atividade, decidindo sobre aspectos como a área ocupada, os materiais utilizados, os objetos colocados ao alcance das crianças, a disposição do mobiliário, etc. Deve abarcar ainda decisões quanto ao uso e à organização do tempo, definindo a duração e o momento mais adequado para a realização da atividade.

A estruturação do ambiente escolar, fruto do planejamento, deve, por fim, conter uma reflexão sobre as oportunidades de interações sociais oferecidas, definindo, por exemplo, se serão realizadas individual ou coletivamente e, neste caso, como serão compostos os grupos. É bom lembrar que a escola, ao possibilitar uma vivência social diferente do grupo familiar, desempenha um importante papel na formação da personalidade da criança. Ao participar de grupos variados, a criança assume papéis diferenciados e obtém uma noção mais objetiva de si própria. Quanto maior a diversidade de grupos de que participar, mais numerosos serão seus parâmetros de relações sociais, o que tende a enriquecer sua personalidade. A importância atribuída ao meio acarreta a necessidade de se levar em conta, para a compreensão da criança, os diversos meios com os quais ela interage, ou seja, a família, o bairro, o círculo de amizades etc.

Capítulo X
Reflexão sobre a prática pedagógica: enfocando situações de conflito

Coerentemente com o referencial filosófico que põe a serviço de sua psicologia, Wallon dá destaque ao estudo das crises e *conflitos* que encontra no processo de desenvolvimento da criança. A atenção que dedica à análise da crise de oposição característica do terceiro ano de vida ilustra essa atitude de enfrentamento dos conflitos. Investigando o significado das condutas de oposição típicas de criança desta idade, Wallon mostra sua importância para o processo de construção da personalidade, atribuindo ao conflito *eu-outro* um significado positivo, *dinamogênico*.

A discussão sobre as relações de contradição existente entre emoção e atividade intelectual é um outro exemplo desta disposição teórica, que nos parece muito fecunda para a reflexão pedagógica. Inspirados pela atitude walloniana de enfrentamento das situações de crise e *conflito*, propomos um exercício de reflexão sobre a prática pedagógica.

Sob o impacto das emoções

No cotidiano escolar são comuns as situações de conflito envolvendo professor e alunos. Turbulência e agitação motora, dispersão, crises emocionais, desentendimentos entre alunos e destes com o professor são alguns exemplos de dinâmicas conflituais que, com frequência, deixam a todos desamparados e sem saber o que fazer. Irritação, raiva, desespero e medo são manifestações que costumam acompanhar as crises, funcionando como "termômetro" do conflito.

Não seria possível, numa reflexão de caráter geral como a que propomos aqui, mapear com exatidão os fatores responsáveis por essas situações, pois cada uma tem de ser explicada em seu próprio contexto. No entanto, é possível perceber alguns traços comuns às interações conflituais, como a elevação da temperatura emocional e a perda de controle do professor sobre a situação. A análise walloniana sobre a emoção traz interessantes elementos para que possamos compreender melhor essas dinâmicas.

A relação de antagonismo que identifica entre as manifestações da emoção e a atividade intelectual nos autoriza a concluir que quanto maior a clareza que o professor tiver dos fatores que provocam os conflitos, mais possibilidade terá de controlar a manifestação de suas reações emocionais e, em consequência, encontrar caminhos para solucioná-los. O exercício de reflexão e avaliação que o professor faz das situações de dificuldade, buscando compreender seus motivos e identificar suas próprias reações (se ficou irritado, assustado ou indiferente) já é, por si só, um fator que tende a provocar a redução da atmosfera emocional. Afinal, a atividade intelectual voltada para a compreensão das causas de uma emoção reduz seus efeitos. Atuando no plano das condutas voluntárias e racionais, o professor tem mais condições de enxergar as situações com mais objetividade, e então agir de forma mais adequada.

Devido ao poder epidêmico das emoções, os grupos apresentam atmosfera propícia para a instalação de manifestações emocionais coletivas. Em se tratando de um grupo de crianças, a fertilidade do terreno é ainda maior. Nos adultos, são bem menos frequentes as crises emocionais, pois esses possuem mais recursos para o controle das emoções.

Assim, nas interações marcadas pela elevação da temperatura emocional, cabe ao professor tomar a iniciativa de encontrar meios para reduzi-la, invertendo a direção de forças que usualmente se configura: ao invés de se deixar contagiar pela alta "temperatura" emocional instalada no grupo, deve procurar contagiá-las com sua racionalidade.

Com o apoio de informações teóricas sobre as características do comportamento emocional e usando sua capacidade de análise reflexiva, o professor deve buscar identificar, nos fatores implicados em cada situação, aqueles que agem como "combustíveis" para o agravamento da crise. Sabemos que em geral não é possível que essa reflexão seja feita simultaneamente à crise. É somente depois de tê-la vivido, já fora do "calor" do momento, que se torna possível a reflexão, a avaliação e uma possível compreensão da situação.

Tendo em vista a suscetibilidade das manifestações emocionais às reações do meio social, acreditamos que os encaminhamentos do professor, se adequados, podem influir decisivamente sobre a redução dos efeitos desagregadores da emoção.

Diferenciação dos conflitos

Se cada professor pensar nas situações de conflito que vive com seus alunos, é provável que consiga identificar algumas dinâmicas que se repetem sempre e consiga distinguir algumas categorias de conflitos. Para o exercício de reflexão aqui proposto, tomaremos dois tipos de situação conflitual que nos parecem comuns às várias realidades de ensino. O primeiro tipo caracteriza-se por *atitudes de oposição* sistemática ao professor, por parte dos alunos (individualmente ou em grupo). O segundo corresponde às dinâmicas dominadas por *agitação e impulsividade motora*, nas quais professor e alunos perdem completamente o controle da situação.

Crises de oposição

Nas situações de *oposição* é possível distinguirmos aquelas em que há um motivo concreto para tal atitude (proposta desinteressante, atitude autoritária do professor, etc.) e outras em que a oposição parece vazia de conteúdo, isto é, os alunos contestam o professor ou recusam-se a realizar uma proposta feita por ele pelo simples gosto de exercitar a oposição. Figura nitidamente distinta dos demais elementos do grupo, o professor constitui--se num alvo privilegiado para o exercício da oposição.

As atitudes de *oposição sistemática* são exemplos típicos de *conflitos dinamogênicos*. O professor, se estiver ciente do papel desempenhado pelo conflito *eu-outro* na construção da personalidade, pode receber com mais distanciamento as atitudes de oposição, sem tomá-las como afronta pessoal. Afinal, é provável que as oposições não sejam contra a sua pessoa, mas contra o papel diferenciado que ele ocupa no grupo.

Claro que o fato de reconhecer o papel positivo dessas condutas não resolve totalmente o problema, é preciso ainda descobrir procedimentos práticos que permitam lidar melhor com a situação. Esses procedimentos devem ser encontrados por cada um, em seu contexto específico, mas é possível, utilizando nosso referencial teórico, apontar pistas que se constituam em mais um recurso para o professor incluir no amplo arsenal de hipóteses que deve buscar construir.

Importante recurso para a construção da identidade (individual ou coletiva) as condutas de oposição podem ser interpretadas também como indício de uma necessidade de autonomia. A introdução de medidas concretas que visem possibilitar maior autonomia e responsabilidade às crianças pode diluir a oposição e facilitar a convivência nos momentos críticos. Sem falar nos benefícios que tais medidas podem trazer para o desenvolvimento de condutas sociais importantes, como a cooperação e a solidariedade.

Dinâmicas Turbulentas

Passemos ao outro tipo de interação conflitual que em diferentes graus e intensidade aflige grande número de professores. São dinâmicas turbulentas que se caracterizam pela elevada incidência de condutas de dispersão, agitação e impulsividade motora. Situações que deixam visível uma divergência entre as intenções do professor – *conter* e – e a dos alunos – *escapar ao controle*. Este quadro completa-se pela elevada incidência de exortações e advertências verbais, tais como "senta e fica quieto", "presta atenção", "agora não é hora de fazer correria", emitidas pelo professor na esperança de conseguir controlar os alunos e estancar a turbulência.

Ao contrário dos conflitos resultantes do exercício da atitude de oposição, essas dinâmicas, quando muito frequentes, não têm nenhum significado positivo, ao contrário, só fazem consumir energia, desgastando ao professor e aos alunos. Esse desperdício de energia provocado por essas situações remete ao conceito físico de "entropia", daí propormos chamá-las, junto com Heloysa Dantas, de *conflitos entrópicos*.

Não obstante sua conotação negativa, a reflexão sobre essas dinâmicas representa uma excelente oportunidade de aperfeiçoamento da prática pedagógica. Situações muito complexas, sua ocorrência deve-se à conjunção de múltiplos fatores e evidencia inadequações e equívocos da escola em face das necessidades e possibilidades das crianças. A identificação dos fatores responsáveis, que podem estar no plano dos conteúdos de ensino, das atitudes do professor, da organização do espaço da sala de aula ou do tempo das atividades, propicia a possibilidade de aperfeiçoamento da prática pedagógica. Na discussão que aqui propomos, daremos destaque a um dos fatores, que é a inadequação das exigências posturais normalmente feitas pela escola.

Ainda hoje a escola se depara com as marcas de seu passado acadêmico e da tradição intelectualista; mesmo convencida da necessidade de transformação da prática pedagógica, costuma cuidar pouco das questões ligadas ao corpo e ao movimento. Ignorando as múltiplas dimensões do ato motor no desenvolvimento infantil é comum a escola simplesmente esquecer das necessidades psicomotoras da criança e propor atividades em que a contenção do movimento é uma exigência constante.

A realização da maior parte das tarefas propostas costuma exigir que as crianças fiquem sentadas, paradas e com a *atenção concentrada* num único foco. São demandas posturais que implicam elevado grau de controle do sujeito sobre a própria ação, dependendo, assim, do tardio e custoso processo de consolidação das *disciplinas mentais*. Em geral, a intensidade com que a escola exige essas condutas é superior às possibilidades da idade, o que propicia a emergência de dispersão e impulsividade, já que o cansaço provocado flexibiliza ainda mais o domínio da criança sobre sua atenção e suas reações motoras.

Esta reflexão traz, como consequência imediata para a estruturação das atividades escolares, a redução do *tempo* durante o qual se exige posturas de contenção. Não é possível definirmos, abstratamente, um tempo ideal, mas é possível indicar que a medida mais adequada deve levar em conta as possibilidades de autodisciplina próprias a cada idade e o grau de envolvimento dos alunos com o assunto tratado na atividade – quanto maior o interesse com a tarefa maior a possibilidade de controlar sua ação. Além de propiciar a diminuição da impulsividade motora que deflagra os conflitos, a intervenção sobre o fator tempo favorece o desenvolvimento da autodisciplina.

A redução da intensidade com que se exige que a criança permaneça na postura escolar clássica traz, como interessante contrapartida, a necessidade de encontrar diferentes alternativas posturais para a realização das tarefas escolares. Nesse ponto defrontamo-nos com um outro fator que está por trás dos conflitos, que é um equivocado conceito de aprendizagem.

Segundo uma visão academicista, considera-se que a criança só aprende se estiver *parada, sentada* e *concentrada*. Ora, se lembrarmos das características da atividade infantil, veremos que isso não é verdade, pois o movimento (sobretudo em sua dimensão tônico-postural) mantém uma relação estreita com a atividade intelectual. O papel do movimento como instrumento para expressão do pensamento é mais evidente na criança pequena, cujo funcionamento mental é projetivo (o ato mental projeta-se em atos motores) mas é presente também nas crianças mais velhas e mesmo no adulto. Sendo o movimento fator implicado ativamente no funcionamento intelectual, a imposição de imobilidade por parte da escola pode ter efeito contrário sobre a aprendizagem, funcionando como um obstáculo.

É equivocada também a ideia, subjacente às exigências posturais da escola, que a atenção só é possível na posição sentada e imóvel. Basta observarmos a atividade espontânea da criança que a veremos realizando ações atentamente sem que precise estar na postura exigida pela escola. Observando-a perceberemos também que pode estar sentada, parada e olhando fixamente para um ponto, como exige a escola, sem que esteja prestando a mínima atenção na atividade proposta.

Não há uma postura-padrão para garantir a atenção em toda e qualquer atividade: a atitude corporal mais adequada varia conforme o tipo da atividade e do estímulo. E, muitas vezes, são justamente as variações na posição do corpo que permitem a manutenção da atenção na atividade que está sendo realizada.

Na história da humanidade podemos encontrar ilustrações interessantes desta relação dinâmica entre postura, atenção e aprendizagem. Na Grécia Antiga encontramos as célebres aulas "peripatéticas" de Aristóteles. Este filósofo dava aulas em movimento, andando junto com os alunos, pois considerava que o ritmo da marcha favorecia o fluxo do pensamento. Passando pela Idade Média deparamo-nos com o exemplo dos monges que, apoiando seus pesados livros sobre mesas altas, liam e escreviam em pé.

Através dessa reflexão, o nosso objetivo é deixar bem evidente a inadequação das exigências feitas pela escola, que, impondo uma verdadeira "ditadura postural", desrespeita as condições da criança quanto ao controle voluntário de suas ações e o funcionamento da atividade intelectual, propiciando a incidência desse tipo de conflitos entrópicos.

A ampliação do repertório postural para a realização das tarefas escolares, que nesta perspectiva de redução dos conflitos impõe-se como absolutamente necessária, pode ser inspirada pelos exemplos históricos citados e potencializada com o uso da capacidade inventiva de cada professor. Por que não planejar "aulas peripatéticas" a exemplo do filósofo grego? Ou um círculo de leitura de inspiração medieval, onde cada criança escolhe a posição mais confortável? Ou até mesmo atividades em que todos devem manter-se sentados, afinal esta postura apresenta-se de fato como mais adequada para a realização de determinadas atividades e seu aprendizado é uma necessidade social.

Para alcançarmos o enriquecimento das alternativas posturais é preciso romper com a visão tradicional de disciplina, que tem por expectativa uma classe com alunos permanentemente sentados e atentos à atividade proposta pelo professor. É preciso deixar de olhar o movimento somente como transgressão e fonte de transtornos, buscando enxergar nele sua multiplicidade de dimensões e significados. É preciso, enfim, olhar a criança como ser concreto e corpóreo, uma pessoa completa.

À guisa de conclusão, é preciso esclarecer que com esse exercício de reflexão sobre situações conflituais presentes no cotidiano escolar não temos por meta alcançar um estado de ausência de conflitos. Afinal, dado o papel dinamogênico que assumem no desenvolvimento, isso não seria possível tampouco desejável. O que propomos é, outrossim, uma avaliação por meio da qual seja possível distinguirmos entre os conflitos que possuem de fato um significado positivo e aqueles que, ao contrário, indicam inadequações e equívocos da escola em atender as necessidades e possibilidades da criança. Tal reflexão apresenta-se como um caminho fecundo para o permanente aprimoramento da prática pedagógica.

Capítulo XI
Atitude diante da teoria

As contribuições da teoria de Wallon à educação são numerosas, quer nos apoiemos sobre as ideias pedagógicas explicitadas pelo próprio autor, quer façamos uma leitura mais livre das implicações de sua psicologia genética.

Em suas ideias pedagógicas, Wallon propõe que a escola reflita acerca de suas dimensões sociopolíticas e aproprie-se de seu papel no movimento de transformações da sociedade. Propõe uma escola engajada, inserida na sociedade e na cultura, e, ao mesmo tempo, uma escola comprometida com o desenvolvimento dos indivíduos, numa prática que integre a dimensão social e a individual.

Sua psicologia genética, se utilizada como instrumento a serviço da reflexão pedagógica, oferece recursos para a construção de uma prática mais adequada às necessidades e possibilidades de cada etapa do desenvolvimento infantil. A abrangência de seu objeto de estudo sugere que a educação deve ter por meta não somente o desenvolvimento intelectual, mas a pessoa como um todo.

Destacando o papel do meio social no desenvolvimento infantil, concebe a escola como meio promotor de desenvolvimento, indicando direções para a organização do ambiente escolar.

A perspectiva dialética que emprega no estudo dos fenômenos psíquicos instiga, no professor, uma atitude crítica e de permanente investigação sobre a prática cotidiana. Inspira um professor que, diante dos conflitos, não se contenta com respostas-padrão ou fórmulas estereotipadas e mecânicas, mas busca compreender-lhes o significado desvelando a complexa trama dos fatores que os condicionam.

Ao entrar em contato com a obra de Wallon, o leitor certamente descobrirá novas facetas desta teoria tão abrangente e dinâmica e, em consequência, vislumbrará outras vias de reflexão sobre a problemática educativa.

Nesse momento de redescoberta da teoria de Wallon, vale a pena alertar para o equívoco de se ter diante dela uma atitude de simples adesão. Nada mais contrário ao sentido das ideias de Wallon e à sua atitude não-dogmática, do que eleger sua teoria como matriz única e suficiente para pensar a educação, acreditando serem suas ideias capazes de esgotar a complexa prática educativa.

O próprio Wallon, na elaboração de sua teoria psicológica, reconheceu a insuficiência dos recursos vindos da psicologia, indo buscar elementos em outros campos do conhecimento.

O que dizer, então, da insuficiência da psicologia como recurso teórico para a educação, campo multidisciplinar por definição?

Texto selecionado

Nada melhor do que ler algo escrito diretamente pelo autor que estudamos para termos uma ideia mais precisa das peculiaridades de seu raciocínio e do estilo de seus textos. Pensando nisto, selecionamos o artigo *"As etapas da evolução psicológica da criança"*[24], que Wallon escreveu com base em seu livro *A evolução psicológica da criança*, em 1947. Transcrevemos duas partes do texto original – "as grandes etapas do desenvolvimento da criança" e "conclusão" – que representam quase a sua totalidade.

Do ponto de vista do raciocínio, o artigo selecionado é exemplar. Deixa patente o enfoque globalizante que Wallon dirige para a criança e faz transparecer a mobilidade de seu pensamento.

Contudo, do ponto de vista do estilo, o artigo selecionado não é muito representativo da peculiaridade do autor. Texto claro como poucos, traz uma apresentação sistemática e organizada dos estágios, num procedimento igualmente raro.

As grandes etapas do desenvolvimento da criança

1. *As primeiras semanas* da vida são inteiramente dominadas por funções de ordem fisiológica, vegetativa: além da respiração, contemporânea do nascimento, são o sono, a fome

---

24. In: WALLON, Henri. *Psychologie et dialectique*. Paris: Messidor/Ed. Sociales, 1990, p. 142-7 [Coletânea organizada por Émile Jalley e Liliane Maury – Traduzido por Maria Ermantina Galvão Gomes Pereira].

e um sentimento confuso do próprio corpo (sensibilidade proprioceptiva).

O ato de nutrição é que reúne e orienta os primeiros movimentos ordenados da criança. Mas suas gesticulações difusas não se restringem a esse campo. Do ponto de vista motor, a evolução consiste na análise e na resolução progressivas dessas contorções, dessas contrações globais, desses sistemas "sincinésicos" em movimentos mais bem diferenciados e mais bem adaptados.

2. *A partir de três meses,* a criança começa a estabelecer ligações entre seus desejos e as circunstâncias exteriores; o reflexo condicionado se torna possível. Desde então, e mesmo anteriormente, aparece o sorriso, manifestação notável, aliás interpretada diferentemente por diferentes observadores (Ch. Bühler, Valentine). Deve-se ver nele o indício do despertar da criança a seu meio humano. Enquanto o pequeno animal fica muito cedo em contato direto com a natureza, o filhote do homem fica muito tempo sob a dependência imediata do meio humano.

3. *À idade de seis meses,* a gama de que a criança dispõe para traduzir suas emoções é bastante rica para dar-lhe uma vasta superfície de troca com o meio humano: período emocional, de participação humana: intuicionismo fecundo.

Foi possível dizer, a propósito do adulto, que a emoção era um distúrbio, um acidente, uma espécie de degradação da atividade. Mas isso não é verdadeiro para a criança que está num estágio do desenvolvimento humano em que a emoção é uma manifestação plenamente normal. Conhece-se toda a importância dos movimentos emocionais entre os primitivos, e a ação deles é metodicamente reforçada pelas práticas da dança, das cerimônias, dos ritos. Nesse estágio, a emoção estabelece um vínculo muito forte entre os indivíduos do grupo, cuja coesão garante. Sem estabelecer um paralelismo muito acentuado entre a história da espécie e o desenvolvimento do indivíduo, cumpre admitir que a criança, nessa idade, está num estágio emocional inteiramente análogo. Mais tarde, ela terá de distinguir sua pessoa do grupo, terá de delimitá-la por meios mais intelectuais: por ora, trata-se de uma participação total, de uma absorção no outro, profundamente fecunda.

4. *Depois dos nove meses*, aparece uma nova etapa por um movimento de inversão ou de oscilação de que veremos outros exemplos: Etapa *sensório-motora* (e não mais emocional) que cobrirá o segundo ano.

Estabelecem-se, entre as sensações e os movimentos, as ligações necessárias. Nessa época, a voz apura o ouvido, e o ouvido modula a voz; a mão que a criança desloca e segue com os olhos distribui os primeiros pontos de referência no campo visual.

Após um período em que a criança leva os objetos à boca para explorá-los, porque apenas as sensações de sua boca são bastante diferenciadas para informá-la sobre a forma e a matéria dos objetos (período do "espaço bucal" de Stern), a criança fica capaz de apalpar utilmente com a mão; período do "espaço próximo" ao qual sucederá, uma vez adquirida a marcha, o "espaço locomotor".

O segundo ano é a época da *marcha* e da aquisição da *linguagem*. Aprendendo a andar, a criança vai libertar-se da sujeição, em que estava até então, ao seu meio familiar; isso aparece de uma maneira concreta quando a criança se diverte em *fugir* dos braços que lhe são estendidos.

É extrema a importância desse progresso: até aí, a criança, levada no colo ou no carrinho, conhecia diversos espaços parciais justapostos, não coordenados. Deslocando-se de um lugar para outro, ela pode construir, com sua atividade, um espaço único no qual pode alcançar ou ultrapassar cada objeto, ir e vir, meio contínuo e homogêneo, e não mais somente ambiente fortuito do momento.

A *linguagem* é de início subjetiva, optativa; mas é também realista, pois a palavra pela qual a criança se interessa vivamente é para ela algo muito diferente que um símbolo ou um rótulo posto no objeto, é um equivalente do objeto, o próprio objeto sob um de seus aspectos essenciais.

Com a linguagem aparece a possibilidade de objetivação dos desejos. A permanência e a objetividade da palavra permitem à criança apartar-se de suas motivações momentâneas, prolongar na lembrança uma experiência, antecipar, combinar, calcular, imaginar, sonhar. A linguagem, com a marcha, abre à criança um mundo novo, mas de outra natureza: o mundo dos símbolos.

5. *A crise de personalidade por volta dos três anos*, marcada por um novo movimento de alternância, por um ensimesmamento da criança, para um novo esforço de libertação. Esforço voluntarista, idade negativista do NÃO, do EU, do MEU.

Aos dois anos ainda, a criança era incapaz de diferenciar-se do outro; num jogo, por exemplo, ela desempenha dois papéis ao mesmo tempo, assumindo sozinha todo o diálogo; ela parece confundir-se com as pessoas de seu meio e, se ameaçam sua mãe, ela se refugia em seus braços, como se ela própria estivesse ameaçada.

Aos três anos, ao contrário, emerge a necessidade de autoafirmação, de impor seu ponto de vista pessoal, às vezes com intemperança sistemática. A criança se entrega, como respeito aos adultos, a uma espécie de esgrima, jogo destinado a fazer triunfar seu capricho ou sua oposição.

Se essa crise ocorre de modo precoce demais ou exclusivo demais, traduz certa dureza, a insensibilidade da criança às repercussões que tem no outro o desenvolvimento de sua atividade; mas se suas manifestações são minguadas demais, isso traduz uma grande maleabilidade mental, uma inconsistência de conduta, uma impotência de experimentar, adotar ou prosseguir algo, a não ser sob a influência de outrem.

Nessa idade, a criança fica mais ciosa da propriedade. Faz com que ponham seu nome no objeto possuído, quer guardar para si seus brinquedos, enfim, sente o matiz particular expresso pela palavra *emprestar* (distinção entre *propriedade* e uso ou posse).

6. *A idade da graça* (Homburger). Por volta dos quatro anos, a criança torna-se atenta às suas atitudes, ao seu comportamento. Desenvolve o gesto compassadamente para si mesma, conferindo-lhe uma espécie de valor estético.

Então surge a timidez; a criança fica atenta ao efeito que pode produzir no outro, à imponência de seu porte, por uma espécie de narcisismo motor.

Seu nome, sua idade, seu domicílio se lhe tornam uma imagem de sua pequena personagem, da qual faz, aliás, como que uma testemunha de seus próprios pensamentos.

Já apta para observar, ele se dispersa menos e prossegue com mais calma e perseverança uma ocupação empreendida.

Pela mesma época, aparece a necessidade de imitação. A criança tenta imitar para tomar o lugar do outro, para proporcionar-se o espetáculo de seu eu enriquecido pelo outro, assim, a imitação tem o caráter de uma rivalidade com o adulto que a criança gostaria de excluir.

Observemos, de passagem, que os psicanalistas consideram esse período particularmente decisivo na formação da personalidade. As relações afetivas entre a criança e seu meio familiar adquirem uma forma precisa. O ciúme pode aparecer, notadamente em relação ao pai, sentido a um só tempo como um rival e como um modelo e, de um modo mais geral, símbolo do Outro.

Nessa idade, a criança ainda tem grandes exigências afetivas, tem sede de solicitude e deve ser cercada de uma atmosfera de ternura: a disciplina da escola maternal não pode apresentar a frieza objetiva que assumirá na escola primária. Do ponto de vista intelectual, a criança tornou-se capaz de classificar e distribuir os objetos conforme certas categorias genéricas: cores, formas, dimensões, etc.

Mas sua personalidade não está inteiramente diferenciada. Em sua família ela se pensa sempre dentro de uma constelação de pessoas na qual não sabe distinguir muito bem sua própria pessoa do lugar que ela ocupa entre os outros. Assinalaram com acerto a importância, para a formação da personalidade, da forma da constelação familiar (número de filhos) e do lugar aí ocupado por tal criança (que, por exemplo, se conduzirá como "primogênito" a vida inteira).

7. *A idade escolar*. Depois dos 6 anos, com uma nova reviravolta, o interesse da criança vai voltar-se sobretudo para as coisas. A idade da entrada na escola primária marca uma etapa importante: assim como a atmosfera de ternura é natural à escola maternal, assim também se mostra superada na escola primária. A criança mais lenta e delicada, a "queridinha", é caçoada e até duramente maltratada pelos colegas, espécie de iniciação a um clima mais viril. Os colegas o põem na linha, por uma exigência da sociedade escolar, que traduz uma grande maturidade das crianças dessa idade.

Por outro lado, as vicissitudes da vida escolar vão possibilitar a diferenciação da personalidade da criança. Até então engastado na constelação familiar, ela vai, daí em diante, continuamente, passar de uma situação para outra: ora mocinho e ora bandido, primeiro na corrida, mas último em história..., ela distingue a noção de uma personalidade constante através dessas permutas perpétuas. É por isso que os jogos que acarretam mudanças de papel têm a preferência das crianças dessa idade; e essa instabilidade transposta para o plano intelectual prepara o caminho para um pensamento ou um desenvolvimento menos subjetivos.

Na escola maternal, a monotonia das ocupações é a regra; a criança persevera em seu esforço até esgotar o interesse; na escola primária, a criança é capaz de mudar de ocupação e de interesse em hora fixa e por imposição.

No plano intelectual, o período de 7 a 12 anos é aquele em que o sincretismo recua ante a análise e a síntese: as categorias intelectuais dissolvem e pulverizam aos poucos o global primitivo. A criança se aproxima da objetividade da percepção e do pensamento dos adultos.

Do ponto de vista social, se a criança se liberta das constelações puramente afetivas, é com vistas a tarefas determinadas que se agrupa com colegas, escolhendo, por exemplo, uns colegas para tal jogo, outros para o trabalho.

Entre companheiros, as conversas se reduzem a discussões sobre as aventuras comuns.

Daí resulta uma diversidade e uma reversibilidade de relações de cada um com cada um, da qual cada um tira a noção de sua própria diversidade conforme as circunstâncias, mas também de sua unidade fundamental através da diversidade das situações.

8. *A época da puberdade* parece pôr em xeque essa objetividade conquistada. Sem estendermo-nos longamente sobre essa crise essencial, podemos dizer que, no plano afetivo, o Eu volta a adquirir uma importância considerável; e, no plano intelectual, a criança supera o mundo das coisas, para atingir o mundo das leis.

Conclusão

Nenhuma dessas etapas jamais é completamente superada e, em certas afeições, assiste-se à ressurgência de estágios mais antigos.

De etapas em etapas, o desenvolvimento psíquico da criança mostra, através das diversidades e das oposições das crises que o pontuam, uma espécie de unidade solidária, tanto no interior de cada fase como entre todas elas.

É contra a natureza tratar a criança fragmentariamente. Em cada idade ela constitui um conjunto indissociável e original. Na sucessão de suas idades, ela é um único e mesmo ser em metamorfose. Por ser feita de contraste e de conflitos, sua unidade será ainda mais suscetível de ampliamento e de enriquecimento.

Bibliografia do autor

Obra de Henri Wallon

a) Livros

Não é muito numerosa a obra de Wallon publicada originalmente sob a forma de livro. No entanto, é uma produção densa, cuja compreensão não se atinge numa primeira leitura e cujas descobertas que possibilita parecem inesgotáveis.

De seus oito livros, quatro foram editados no Brasil, sendo que três deles são publicações antigas e esgotadas. Felizmente, o interesse que a teoria de Wallon tem despertado junto a educadores e psicólogos foi percebido pelo mercado editorial brasileiro, e há editoras preparando novas traduções de livros--chave da obra walloniana. Abaixo apresentamos uma síntese do conteúdo de cada um de seus livros, indicando sua disponibilidade em edições brasileiras. Os títulos que aparecem em francês correspondem aos livros que até o momento não dispõem de nenhuma edição brasileira.

1908 Délire de persecution (Delírio de perseguição)

Publicação da tese com a qual conclui os estudos de medicina. Descreve vários tipos de delírio, buscando reconhecer o terreno biológico de cada um. Sua argumentação já preludiava a atitude materialista dialética mais tarde constituída.

1925 L'enfant turbulent (A criança turbulenta)

Apresentada como tese de doutorado em 1925, foi publicada no mesmo ano em dois tomos. A segunda edição foi feita somente em 1984 (Paris, Presses Universitaires de France), numa versão abreviada e prefaciada por Tran Thong, contendo a tese principal e algumas das 214 observações que, no original, compunham a tese complementar.

Esta obra traz o germe de sua psicogenética e delineia os fundamentos de sua metodologia genético-comparativa. A primeira parte do livro apresenta quatro estágios do desenvolvimento infantil, posteriormente reagrupados em dois (impulsivo-emocional e sensório-motor e projetivo). A segunda descreve quatro síndromes psicomotoras, nas quais ficam evidentes as inter-relações entre os fatores orgânicos (deficiências neurológicas) e os fatores sociais (interações com o meio).

1926 Psychologie pathologique (Psicologia patológica)

Sistematiza os conhecimentos então disponíveis em termos de psicopatologia. Faz uma análise crítica, evidenciando os limites e insuficiências da psiquiatria da época.

1930 Principes de psychologie appliquée (Princípios de psicologia aplicada)

Aborda diversas possibilidades de aplicação da psicologia, discutindo temas como higiene do trabalho, orientação e seleção profissional, psicologia escolar.

1934 *Origens do caráter na criança*. São Paulo, Difusão Europeia do Livro, 1971 (essa edição está esgotada, mas está sendo preparada uma nova tradução pela editora Nova Alexandria).

Reúne o conteúdo dos cursos proferidos na Sorbonne, entre os anos de 1921 a 1931. Consolida a opção de Wallon pela análise genética e aprimora seu método comparativo, acrescentando, à patologia, o recurso à psicologia animal.

Enfocando os três primeiros anos de vida, trata das origens do sentimento de personalidade. As três partes em que se divide o livro (comportamento emocional, consciência e individualização do corpo próprio, consciência de si) correspondem aos principais aspectos intervenientes neste processo.

O livro apresenta minuciosa e original análise das emoções (suas condições orgânicas, suas implicações sociais), destacando o papel do comportamento emocional no início do desenvolvimento. É leitura obrigatória para os interessados em aprofundar os conhecimentos neste campo.

1938 La vie mentale (A vida mental). Paris: Éditions Sociales, 1982.

Corresponde ao 8º tomo da Enciclopédia Francesa. Esta coleção, inspirada na grande Enciclopédia Francesa do séc. XVIII, teve 21 volumes publicados, entre 1937 e 1966. Dirigida pelo historiador Lucien Febvre, foi concebida como obra de síntese dos conhecimentos das mais diversas áreas e voltada para a formação do grande público. Wallon dirigiu o tomo dedicado à psicologia, tendo redigido por volta de um quarto do total, ao lado de psicólogos como Henri Piéron e Jacques Lacan, num grupo de vinte colaboradores.

Seus escritos foram reagrupados em livro independente, numa edição realizada por Émile Jalley. Devido ao fato de se destinar ao grande público, trazem uma qualidade pouco encontrada nos demais escritos de Wallon, que é a clareza de exposição. Por este motivo e também pelo fato de conter uma síntese dos principais pontos, até então desenvolvidos, de sua teoria, constitui-se num bom caminho para o leitor iniciante.

1941 Evolução psicológica da criança. Rio de Janeiro: Andes, s.d. (edição esgotada)

É um livro de síntese que apresenta, de forma condensada, os aspectos centrais da psicogenética walloniana. Não se estrutura pela cronologia do desenvolvimento, mas pelos vários campos da atividade infantil.

Na primeira parte, intitulada "A infância e seu estudo", o autor coloca o problema da psicologia da criança como área de conhecimento científico e discute questões metodológicas (o papel da observação, a visão pela qual o adulto estuda a criança). Na segunda, "As atividades da criança e sua evolução mental", discute os processos psíquicos subjacentes ao desenvolvimento, enfocando atividades que asseguram a transição de um estágio a outro (reação circular, jogo e disciplinas mentais). Na terceira e última parte, intitulada "os níveis funcionais", aborda separadamente cada campo funcional (afetividade, ato motor, inteligência, pessoa), percorrendo, em todos eles, a faixa de zero aos sete anos.

1942 De l'acte à la pensée (Do ato ao pensamento)

Foi concluído e publicado durante a ocupação alemã, quando Wallon trabalhava para a Resistência e vivia na clandestinidade.

Este livro, que tem o subtítulo "ensaio de psicologia comparada", é ilustrativo do pensamento interdisciplinar do autor. Wallon faz largo uso de dados provenientes da antropologia, referente às sociedades ditas primitivas, e de dados da psicologia animal. O recurso à patologia continua presente, mas em menor número.

Estuda as raízes sensório-motoras da função intelectual, mostrando que entre o ato motor e o ato mental há uma complexa relação de interdependência e de conflito, um verdadeiro "salto qualitativo".

1945 Origens do pensamento na criança. São Paulo: Manole, 1989

Reúne o conteúdo dos cursos proferidos no Colégio de França e tem, por base empírica, diálogos realizados com crianças (entre os seis e os nove anos) que frequentavam o Laboratório de Psicobiologia da Criança. Voltado para o estudo dos prelúdios da inteligência discursiva, situa a análise do pensamento no contexto da personalidade global. Realiza uma minuciosa análise do pensamento infantil, mostrando suas características peculiares e os processos pelos quais atinge uma compreensão cada vez mais objetiva da realidade. Mostra como o desenvolvimento da inteligência está em estreita dependência da linguagem e do meio social.

Devido à especificidade de seu conteúdo, a leitura deste livro é indicada para leitores que já possuam uma visão de conjunto da teoria walloniana.

b) Coletâneas de artigos

Além dos livros, Wallon escreveu quase três centenas de artigos (parte deles em colaboração), publicados em revistas de medicina, psiquiatria, filosofia, psicologia e pedagogia, conforme a época em que foram escritos e o conteúdo de que tratam.

Muitos deles estão em coletâneas e constituem uma importante fonte de acesso a sua teoria. Citamos a referência das principais coletâneas, todas elas ainda não editadas no Brasil.

Enfance, 1959, 3-4, número especial intitulado *"Psychologie et éducation de l'enfance" (Psicologia e educação da infância)*. Seleção feita por Wallon de artigos e conferências sobre questões psicológicas e pedagógicas.

Pode ser encontrado em tradução portuguesa (Lisboa: Editorial Estampa, 1975).

Enfance, 1963, 1-2, número especial intitulado *"Buts et méthodes de la psychologie" (Objetivos e métodos da psicologia)*. Lançado logo após a morte de Wallon, reúne artigos e conferências que discutem os fundamentos epistemológicos e metodológicos da psicologia. Pode ser encontrado em tradução portuguesa (Lisboa, Editorial Estampa, 1975).

Enfance, 1968, 1-2, número especial intitulado *"Écrits et souvenirs" (Escritos e lembranças)*, Edição comemorativa dos vinte anos da revista *Enfance*, traz uma entrevista concedida por Wallon, no final da vida, e artigos dedicados à obra de autores como Decroly, Descartes, Rousseau.

Wallon, Henri. *Psychologie et dialectique* (Psicologia e dialética). Paris: Messidor/Ed. Sociales, 1990. Coletânea organizada por Émile Jalley e Liliane Maury, reunindo artigos escritos entre 1926 e 1961, aos quais era difícil o acesso.

c) Antologias

WEREBE, M.J.G. & *NADEL-BRULFERT*, J. *Henri Wallon* (antologia). São Paulo: Ática, 1986 [Coleção Grandes Cientistas Sociais].

Após anos sem nenhuma edição brasileira dos escritos de Wallon, a editora Ática publicou, em 1986, uma antologia com textos extraídos de suas obras mais representativas e alguns artigos, selecionados por Jacqueline Nadel e Maria José Werebe.

Sobre Wallon

a) Em português

DANTAS, Pedro da Silva. *Para conhecer Wallon*: uma psicologia dialética. São Paulo: Brasiliense, 1983.

Expõe as linhas mestras da teoria de Wallon, relacionando-a a outras tendências da filosofia e psicologia. Busca apresentar esta teoria ao leitor brasileiro, tentando romper a "conspiração de silêncio" que se operou em torno dela. Traz ainda uma detalhada biografia do autor.

DANTAS, Heloysa. *A infância da razão*: uma introdução à psicologia da inteligência de Henri Wallon. São Paulo: Manole, 1990.

A autora, importante estudiosa da obra de Wallon no Brasil, realiza uma síntese da concepção walloniana acerca do desenvolvimento da inteligência discursiva, tendo por base o livro "Origens do pensamento na criança". Propõe uma articulação teórica entre esta psicogenética e a teoria de Piaget, apontando diferenças e possibilidades de integração.

DE LA TAILLE, Yves et al. *Piaget, Vygotsky e Wallon*: teorias psicogenéticas em discussão. São Paulo: Summus, 1993.

Contém artigos de Heloysa Dantas sobre questões centrais da teoria walloniana, como a gênese da inteligência e o papel da afetividade na construção do sujeito. Esses artigos integram um conjunto de textos dedicados às concepções psicogenéticas de Piaget e Vygotsky.

PEREIRA, M. Izabel Galvão. *O espaço do movimento*: investigação no cotidiano de uma pré-escola à luz da teoria de

Henri Wallon. São Paulo: Faculdade de Educação/USP [Tese de mestrado].

Utiliza a teoria walloniana como referencial para analisar situações de conflito no cotidiano de uma pré-escola.

GALVÃO, Izabel. Uma reflexão sobre o pensamento pedagógico de Henri Wallon. In: ALVES, M.L. (coord.). *Construtivismo em revista*. São Paulo: FDE, 1993, Ideias n. 20. Discute algumas implicações pedagógicas da teoria de Wallon.

ZAZZO, René. *Henri Wallon*: Psicologia e marxismo. Lisboa: Vega, 1978.

Reúne artigos escritos por esse importante colaborador de Wallon sobre aspectos de sua vida e obra. Traz um levantamento completo dos livros e artigos publicados por Wallon e sobre ele, até aquela data.

TRAN THONG. *Estágios e conceitos de estágio de desenvolvimento na psicologia contemporânea*. Porto: Afrontamento: 1981.

Apresenta uma síntese da psicogenética walloniana, com uma detalhada descrição dos estágios de desenvolvimento. O autor faz um estudo comparativo entre as teorias de Wallon, Piaget, Gesell e Freud.

MERANI, Alberto. *Psicologia e pedagogia*. Lisboa: Editorial Notícias, 1977.

Apresenta aspectos gerais da teoria de Wallon, com destaque para suas implicações pedagógicas. Traz uma cópia integral do projeto para reforma do sistema de ensino, o Plano Langevin-Wallon.

b) Em francês

Na França é bem maior a quantidade de trabalhos escritos sobre Wallon e sua teoria. Citaremos somente os mais importantes.

Enfance, 1979, 5, número especial intitulado *"Centenaire d'Henri Wallon"*, comemorativo do centenário de seu nascimento.

Enfance, 1993, 1, número especial intitulado *"Henri Wallon parmi nous"*, em homenagem aos trinta anos de sua morte.

JALLEY, Émile. *Wallon, lecteur de Freud et Piaget.* Paris: Éditions Sociales, 1981.

MARTINET, M. *Théorie des émotions: introduction à l'oeuvre d'Henri Wallon.* Paris: Aubier Montaigne, 1972.

NADEL, Jacqueline & BEST, Francine. *Wallon aujourd'hui.* Paris: Scarabée, 1980.

TRAN THONG. *La pensée pédagogique de Henri Wallon.* Paris: PUF, 1969.

Bibliografia consultada

DANTAS, Heloysa. A afetividade e a construção do sujeito na psicogenética de Wallon. In: DEL TAILLE, Yvez et al. *Piaget, Vygotsky e Wallon*: teorias psicogenéticas em discussão. São Paulo: Summus, 1993.

_____. Do ato motor ao ato mental: a gênese da inteligência segundo Wallon. In: DEL TAILLE, Yves et al. *Piaget, Vygotsky e Wallon*: teorias psicogenéticas em discussão. São Paulo: Summus, 1993.

_____. *A infância da razão*: uma introdução à psicologia da inteligência de Henri Wallon. São Paulo: Manole, 1990.

DANTAS, Pedro da Silva. *Para conhecer Wallon*: uma psicologia dialética. São Paulo: Brasiliense, 1983.

FERREIRA, M. Clotilde Rossetti. *Organizando o meio para o desenvolvimento de interações em creches*. Anotações preliminares para a Conferência: "Designing the environment for developing interactions in day-care centers". XII Bienniel Meetings of ISSBD – Recife, julho, 1993.

GALVÃO, Izabel. Uma reflexão sobre o pensamento pedagógico de Henri Wallon. In: ALVES, M.L. (coord.). *Construtivismo em revista*. São Paulo: FDE, 1993, Ideias n. 20.

MARTINET, M. *Théorie des émotions*: introduction à l'oeuvre d'Henri Wallon. Paris: Aubier Montaigne, 1972.

MERANI, Alberto. *Psicologia e pedagogia*. Lisboa: Editorial Notícias, 1977.

NADEL, J. & BEST, F. *Wallon aujourd'hui*. Paris: Scarabée, 1980.

PEREIRA, M. Izabel Galvão. *O espaço do movimento*: investigação no cotidiano de uma pré-escola à luz da teoria de Henri Wallon. São Paulo: Faculdade de Educação/USP [Tese de mestrado].

TRAN THONG. *Stades et concept de stade de développement dans la psychologie contemporaine*. Paris: Librairie Philosophique/J. Vrin, 1986.

_____. *La pensée pédagogique de Henri Wallon*. Paris: PUF, 1969.

WALLON, Henri. *Psychologie et dialectique*. Paris: Messidor/Ed. Sociales, 1990 [Coletânea organizada por Émile Jalley e Liliane Maury].

_____. *Origens do pensamento na criança*. São Paulo: Manole, 1989.

_____. *Les origines du caractère chez l'enfant*. Paris: PUF, 1987.

_____. *La vie mentale*. Paris: Éditons Sociales, 1982.

_____. *De l'acte à la pensée*. Paris: Flammarion, 1978.

_____. *Objetivos e métodos da psicologia*. Lisboa: Editorial Estampa, 1975 [Coletânea].

_____. *Psicologia e educação da infância*. Lisboa: Editorial Estampa, 1975 [Coletânea].

_____. *L'évolution psychologique de l'enfant*. Paris: Armand Colin, 1950.

WEREBE, M.J.G. & NADEL, J. *Henri Wallon* (antologia). São Paulo: Ática, 1986 [Coleção Grandes Cientistas Sociais].

ZAZZO, René. *Henri Wallon*: Psicologia e marxismo. Lisboa: Vega, 1978.

_____. *Enfance*, 1968, 1-2 [Número especial intitulado "Écrits et souvenirs"].

ZAZZO, René. *Enfance*, 1993, 1 [Número especial intitulado "Henri Wallon parmi nous"].

_____. *Enfance*, 1979, 5 [Número especial intitulado "Centenaire d'Henri Wallon"].

Conecte-se conosco:

 facebook.com/editoravozes

 @editoravozes

 @editora_vozes

 youtube.com/editoravozes

 +55 24 2233-9033

www.vozes.com.br

Conheça nossas lojas:

www.livrariavozes.com.br

Belo Horizonte – Brasília – Campinas – Cuiabá – Curitiba
Fortaleza – Juiz de Fora – Petrópolis – Recife – São Paulo

EDITORA VOZES LTDA.
Rua Frei Luís, 100 – Centro – Cep 25689-900 – Petrópolis, RJ
Tel.: (24) 2233-9000 – E-mail: vendas@vozes.com.br